えっ！
死ぬとか生きるとか、知事命令？

滋賀県庁
「死生懇話会」
ドキュメント

滋賀県総合企画部
企画調整課
企画第二係

文芸社

滋賀県では、人生一〇〇年時代の到来とともに、多死社会を迎える中、誰もが避けられない「死」について、行政としても真正面から考え、「生」をより一層充実させるためのヒントを得るために「死生懇話会」を設置しました。これは、県庁が「死」をテーマにした取り組みを始めるという、あまり前例がなさそうなことに試行錯誤しながらも、誠心誠意取り組んだ、事実に基づく物語です。

目次

えっ！　死ぬとか生きるとか、知事命令？

滋賀県庁
「死生懇話会」
ドキュメント

一年目

（令和二年度）

コトのはじまり

大混乱の幕開け

――皆さん、明けましておめでとうございます。

二〇二〇年一月六日、仕事始めの日。

私は仕事をしながら知事の年始挨拶の庁内放送を聞いていた。

「知事談話」は毎月放送されているが、実はあまりちゃんと聞いたことはなかった。

――今年は「死」に対して一緒に向き合う機会、そういう場づくりを行いたいと思います。「死」というものをしっかりと見据え、生きていることをより大切にする、そういう滋賀県を一緒につくっていきたいと思います。

ん？

何をいっているんだろう？

私は思わず仕事の手を止めた。

当時私は交通戦略課にいたのだが、同じ部屋で聞いていた職員たちも同じ感想だったらしく、「大丈夫か？」とつぶやいている人もいた。

いつもは記憶に残らない放送が、この日の放送だけは印象に残った。とはいえ正確には、「死」がどうのこうのといっていた部分だけだが、そのときの私は、まさか自分に関係があるとは思ってもいなかったので、すぐに忘れて仕事をしていた。

この放送が、県庁の一部で波紋を呼んでいたことはあとで知ることになる。

県庁では、年始にはもうだいたい次の年度の予算案をまとめていて、これから議会に説明をして承認してもらうという段階にあり、そのための綿密な準備はほぼ終わっている。

県庁の各所属では秋ごろから、それぞれに来年度取り組むことの検討を始め、それに必要な予算がどのぐらいかを見積もる。当然、県庁には毎年使える予算の上限があるので、その予算を組めるかどうかは財政課が判断する。そういう調整を続けながら年始を迎えるのが通常の流れだ。

だからこの時期、「こういうことをしていこうと思う！」と知事が宣言することは、通常ならすでに予算案に乗っているのだが、しかしここ数年、知事がそういう調整が済んでいないことを年始の挨拶で突然宣言し、関係する所属が慌てふためくという構図が続いていた。この「死」についての話も、そういうものの一つだったようだ。

滋賀県庁には、知事がやるぞといい出したことを、担当課に伝えにいったり、水面下で調整したりする役割の影武者のような職員がいる。

だからこの時期に影武者の職員がやってきて、その調整に乗っていないことを伝えられると、ただでさえ関係する所属はバタつく。しかも今回は、「死と向き合う場づくり」。担当課って、いったいどこ？　という戸惑いがあったようだ。結局、様々な調整の末、最終的には企画調整課が担当することに決まった。

企画調整課は、他に受ける課がないような、でもやらないといけないとされた案件を、ある意味押しつけられることが多い課という印象がある。海のものとも山のものともわからない企画を調整する課だともいわれている。

本来の仕事は、県全体の方針を立てたり、県の基本計画の進捗管理をしたりすることだが、具体的に何につながるかわからない新しい取り組みを研究したり、試行したりすることもある。その一環なのか、この「死」の取り組みもまた、企画調整課に押し込まれる形になったようだった。

取り組みの名称は、「死生懇話会」となった。

何をどうしていくのかわからないけれど、「死に向き合うことで、生をいっそう意味あるものとすること」をテーマに、その道の専門家に集まってもらい、県民参加型、なおかつ公開で議論をする事業として、とにかく予算を要求していくということだけは決まったらしい。

いうまでもなく、県庁の事業を実施するための予算は公金なので、直接であれ間接であれ、県民にとって利益があることに使わないといけない。

その事業を何のために実施し、どういう成果を目指すのか、その事業は必要性があるのかということを、議会に説明して認めてもらわないといけないのだが、「死生懇話会」……いったいこれをどうやって説明するというのだろうか。

「目的や成果はよくわかりませんが、知事がやれといったからやるんです」という説明は当然通らない。おそらくこの事業の説明をした職員は大変だったと思う。

そのときの記録を見ると、「行政がやることか」「死という言葉を使うことはいかがか」「いろいろな状況にある人がいるから配慮が必要」「生き方死に方は人それぞれ」など、議員からは反対意見も多く出ていた。

一方で、「趣旨には賛同する。ただしやるには覚悟がいる」「大切な取り組み。ぜひやってほしい」という意見もあった。

担当した職員は誠心誠意説明を尽くし、なんとか予算を認めてもらえたようだった。

最終的には、約一五〇万円の予算で、六名ほどの有識者を「死生懇話会」委員として委嘱し、ゲストを招いた懇話会を三回開催するという企画になっていた。

こうした調整をしていた時期は、二〇二〇年の一月から三月のことで、ちょうど新型コロナウイルス感染症が流行し始め、世界中が大混乱に突入していくというときだった。

人事異動内示、青天の霹靂

二〇二〇年三月、交通戦略課にいた私は、コロナの影響により予定していたいくつかのイベントを中止するための調整をしていた。

三月下旬、一斉人事異動（四月一日付け）の内示が出る日、多くの職員がソワソワしていた。内示リストは庁内システムに掲示されるので、みんな朝からパソコン画面を食い入るように見つめていて、私も同じように人事異動内示を見つめていた。

森陽子、森陽子……、自分の名前を探していると、企画調整課に異動と出ていた。

異動に関しては、そんなに驚きはしなかった。県庁では、事務職だと三、四年ほどで異動になることが多いので、交通戦略課に三年いた私は異動を想定していたのだ。

私は、次の課で誰の後任になるのか、どの仕事を担当するのかなど、企画調整課から出ていく人と入る人とを突き合わせてみたが、どうも私に当てはまりそうなポストはなかった。どういうことだろうなあと、ぼんやりと考えていた。

内示から数日後、企画調整課の課長が、交通戦略課の課長のところへやってきた。

「森さんには死生懇話会を担当してもらおうと思っています。三月中に知事と関係職員で勉強会をするので、まだ異動前ですが森さんにも参加してもらえますか」という話だった。

しせいこんわかい？

最初、「しせいこんわかい」という響きにどんな漢字を当てはめるのかわからなかった。しばらくして、あの年始の知事挨拶を思い出した。

もしかして、あの「死」のやつ？

私はなんともいえない気分になった。

結局、勉強会はコロナの影響により延期となったが、いったい何を勉強するのか全く想像もつかなくて、想像つかないからこそ逆に、何も考えずに三月の最後の一週間を過ごした。

知事と最初の顔合わせ

四月一日、いよいよ企画調整課での仕事が始まった。課の中での配属は、「企画第二係」という何とも無機質な名前の係だった。

私は県庁に入ってから一五年以上経つので、異動は何度も経験している。異動した場合には前任者から仕事を引き継ぐのが通常だが、「死生懇話会」には前任者はいない。昨年度のファイルもデータも何もない。デスクの引き出しを開けても中は空っぽ。

前述の予算取りの経緯などは、異動してから知ったことだ。知事挨拶のあった一月以降、予算確保のための調整に一時的に動いていた影武者の職員から、その経緯だけを教えてもらい、「死生観」に関係しそうな書籍を何冊か渡された。

コロナで延期となっていた勉強会は、四月一三日に実施することになり、知事と、昨年度末からこの件の調整に関わっていた幹部と、今年度の担当などが参加するようだった。

しかし私は、宗教も哲学も思想も何も学んできていない。

命が何よりも尊いと思ってはいるが、自分が死んだら葬式も墓もいらないと思っているし、性格的にも、深淵な死について深く勉強することからかなり遠いところにいると思っている。

それに私は、県民生活におよそ役立ちそうもない事業を県が独りよがりでやることや、行政がほんの一部の人にしか利益をもたらさない事業に公金を費やすことがあることに辟易していた。なぜ私がこの担当なのかと思った。県庁では、新しく異動してくる職員にやっかいな仕事が舞い込むことがままあるので、「あるあるだなあ」というあきらめの気持ちもあった。

私はこのとき、副主幹という職階だった。一般企業でいうところの中堅職員。通常なら知事と直接話すことがないような職階だ。実際に私は、知事とは何度か話したことがあるという程度で、名前を覚えられているかすらも怪しい。でも勉強会では、いったい何をしたいのか知事に聞いてみたいし、疑問に思う気持ちを伝えたいと思っていた。

この勉強会は昨年度末から始まっていて、今回が三回目だった。

これまでの勉強会では、いわゆる知事に近いところにいる職員の何人かが、「死生観」に関わる書籍を読んで感想を出し合いながら、「死生懇話会」を実施するにあたっての論点整理や、どんな専門家の話を聞いたらよさそうかといった意見を出し合っていたようだ。

今回、知事の指示は、この四月に異動となった幹部職員も含め、昨年度の勉強会に参加していた人たちと一緒に出席してもらいたいということだった。

そこで私は、異動した幹部職員数人のところへ、今度の勉強会にも出てもらえないかとお願いに行った。「仕方ないな」という反応の人もいれば、「まだ付き合わされるのか」という反応の人もいた。

企画調整課の中では、「死生懇話会」をどう進めていくのかという協議をした。

幸い、私の上司にあたる係長と課長は、どうしたものかなと困惑しながらも、「やると決まっているのでやるしかないが、方法や内容は決まっていないんだから、自由にやっていけばいい。行政の堅いやり方にそこまでこだわらなくていいんじゃないか」といってくれた。ちなみに交通戦略課の課長も、「いいやん！ 何も決まってないなら、森流でやったらいいねん」と送り出してくれたので、不安だった私はとても救われていた。新旧どちらの上司も、非常に寛容で柔軟な考えを持っていたのでありがたかった。

そして四月一三日、知事との勉強会に臨むこととなった。

最初に知事が、なぜこのようなことをやろうと思うに至ったのかを語った。

「死と向き合う施策について、実は以前から考えていた。ただ、行政が強制できることではなく、我々が考えることではないのかなど、施策とするにはまだ早いと思って置いてきていたが、やはり死は不可避。死を真正面から捉え、人と人が支え合うことの素晴らしさにフォーカスし、行政として足りないところをどう補っていくかを考え、機会をつくっていく。そんなことができないかと思い、投げかけて、予算化していただいた。

コロナ対策に集中している今、このテーマで議論していていいのかという思いもあるが、コロナはコロナでしっかりやる、そしてこの根源的なテーマを議論した上で、県としての施策をつくっていくというのは大事なことだと思っている。

みんながコロナにかかりきりで、他のことをすべて捨ててしまうというのではなく、少々スケジュールが長引いてでも、大事なことはきっちり議論をした上で進めていくことが必要なのではないかと思うに至った」

実際、コロナの影響が日に日に大きくなっていく中、県庁でもコロナ対応に追われ、職員は担当業務を後回しにして、対応部署にどんどん人を割いていく状況にあった。

当初は、知事も関係職員も、懇話会開催に向けてすぐに人選をし、なるべく早く進めていくというイメージを持っていたようだが、コロナの影響が思っていたより大きくなってきたので、コロナ対応をしながら半年間は具体的に動かずに、研究・検討していこうということになった。

私は知事に、この話を年始の放送で聞いたとき頭の中に「?」が浮かんだことや、行政でいったい何をしたらいいのか疑問に感じていることなどを正直に話した。

「死を見つめることで生も輝くといった考え方は個人的には共感できますが、行政が『死について真正面から向き合うことがいいことだ』ということそのものが、価値観の押しつけになってしまわないでしょうか。死に向き合わない自由もあるかもしれないし、死のことなんか考えず、日々をがむしゃらに生きることも尊いと思うので、死と向き合うことで生が輝くという考え方が正しいということが前提になっていること自体、本当に正しいことなのかと疑問に思っています」

私の疑問に対して、知事はこういった。

「独善、強制はよくない。現に戒め、慎まないといけないなと思っている。でも、ぼくのところには、『死』にまつわる悩みや相談・情報がよく入ってくる。考える機会ぐらいは今より増えたほうがいいのかなというのが率直なスタートだった。あまり押しつけたらあかんというのはその通りや。懇話会や勉強会も、あんまり特定の考え方でなくて、表現の仕方は少し考えたほうがいいかなと思ってる」

私はもう一つ疑問をぶつけてみた。

「昨年度の議論などの記録では、行政が、死というものをタブー視してきたという表現が見られますが、そうなのかなと思います。行政は他の分野に比べたら、死と向き合う仕事ではないのかなと思うんです。自殺対策、看取りの話、市町単位でも死に深く関わる施策がたくさんあるので、行政がタブー視してきたというのはしっくりきません。十分に関わっている方がたくさんいるんではないでしょうか」

私のこの疑問に対して、知事をはじめ、参加していた幹部職員たちが深く頷いていた。
「もっと深く、もっと早く関わりません？　ということかな」と知事がいった。
この日の勉強会で交わされた意見は、次のようなものだった。

○死が身近なものではなくなり、どういう場面でどう死を迎えるのか、イメージしにくい時代になってきている。

○行政が「死」に関してやっていることとやっていないことの隙間は、きっとまだたくさんある。

○それぞれの生活や人生において、それぞれの死生観が醸成されていくものだと思うが、死を直視することで、その人なりの死への向き合い方ができていくのではないか。

なんだかわかったようなわからないような勉強会だったが、知事がずいぶん前からこういうことをやりたいと思っていたこと、そして今はコロナで大変だが、たとえスケジュールが延びてでもやりたいと考えていることはわかった。それからすでに異動した職員たちが、この件にはもう関わりたくないと思っている雰囲気も肌で感じた。

在宅勤務とコロナ対応

四月中旬の勉強会のあと、コロナの影響はどんどん大きくなっていった。

県庁では、近隣府県で感染者が増えてきたことに伴い、滋賀県外から通う職員は基本的に在宅勤務、滋賀県に来ないようにという方針になった。

私は県外に住んでいるため、四月下旬から在宅勤務となった。今でこそ在宅勤務は当たり前になっているが、そのころの県庁にはそんな仕組みはなく、在宅でできることは限られていた。

在宅勤務が命じられた日から、私は自宅でひたすらパソコンに向かい、「死」や「死生観」といったワードでネット検索をしていた。

世界、特に北欧における「死生観」や、日本の他の自治体で、「死」にまつわる何らかの取り組みがないか、こうしたテーマで講演をしている専門家にどんな人がいるかなどを、一日中パソコンで調べ、ちょっと鬱々としながら、自分なりに曼陀羅図的なものを書いて落とし込んでいったりしていた。

——私はいったい何をしているんだろう……。

——こんなことがしたくて県職員になったんじゃないんだけどな……。

時々そんなことを思いながら、こんなことをずっと調べているところを娘に見つかったら心配されるかもなと、少し笑える気持ちもあったりした。

当時小学二年生だった私の娘は、コロナで学校が休校になり、日中は家で過ごしていた。もともと学校が嫌いな娘にとっては、休校はラッキーな出来事で、毎日ご機嫌に過ごしており、部屋に籠ってパソコンに向かっている私におやつを差し入れてくれたりしていた。

ゴールデンウィークが近づいてきたころ、職場から連絡があった。休み明けはコロナ対応支援に行ってほしいという連絡だった。

この時期、コロナ対応が必要な職場にどんどん職員が派遣され、連休も土日も関係なく、連日深夜まで対応に追われている職員が多くいた。

県外から通う職員は滋賀にウイルスを持ち込むな、といわんばかりの在宅勤務命令は、もう無視してもいいのかなと思ったが、やっと公務員として人の役に立つ仕事ができそうだと、私はもちろん承諾した。みんながコロナ対応に追われている中、パソコンでひたすら「死」や「死生観」の検索をしていることに負い目があった。すっかり頭にこびりついてしまった「死生観」のことから、少し離れられるのもうれしかった。

連休明けから、臨時支援金給付の業務に就くことになった。

政府からの休業要請に従い、店を閉めたりサービスを停止した個人事業主や中小企業に対して、県からも独自に支援金を支給することになり、その手続きを行う業務だった。

普段は使用していない執務スペースに五〇人ほどの職員が集まり、事業者からの申請を受け付け、支援金を支給する作業を行った。申請はネットか郵送だったが、私は不備のある申請に対して補正をお願いする役割だった。

不足する書類を出してもらったり、記載を修正してもらったり、不明な点を確認したり、ときには対象外の申請に対象外だと伝えたり。毎日朝から晩まで、申請した事業者に電話をかけまくり、ときに感謝されたり、ときに苦情をいわれたり、とにかくがむしゃらに大量の処理を行っていた。書類の確認には時間がかかり、みんな休日返上でやっていたが、処理が全然追いつかなかった。

「死生懇話会」のことを考えている暇はなかった。でも必要なことをしているという実感があり、疲れはするが、それほど苦痛ではなかった。

なかなか終わらなかった支援金の処理は、追加で職員を投入してもらいながら、六月中旬には少し終わりが見えてきた。もともと六月末までには業務が終了する見込みで、私は七月から企画調整課に戻ることになっていた。

ほっとする気持ちもあったが、それ以上に、七月からまたアレをやるのかと憂鬱だった。いつの間にか、県外の職員は来るなの方針も消えていて、七月からは企画調整課に出勤することになった。さて、いよいよどうしていくんだろう。

コロナによって、県庁は大混乱していた。部署によっては、コロナ以外のことはまだまだ手つかずのところもあるし、そうでなくても応援に行っている職員も多く、どこの職場もメンバーが揃わない中で、通常業務もこなさなくてはいけない状況だった。

企画調整課も同様で、第一四半期にするべき仕事の多くがストップになっていて、様々な仕事のスケジュールが詰まりに詰まってバタバタだった。

そのため、しばらくは「死生懇話会」のことは後回しにして、係の他の職員の業務を分担するという生活が続いた。

しかし、「死生懇話会」のことも何か始めないといけない。でも県庁全体がコロナ対応最優先で、いろいろな仕事を省力化したり、スケジュールを詰めてやっていたりして、職員はみんな疲弊している。そんな中、「死生懇話会」のような取り組みを進めるべきなのだろうか。モヤモヤとした思いを抱えていたら、季節はすっかり夏になっていた。

助っ人たち、現る

七月下旬、企画調整課企画第二係としては、少しだけ業務が落ち着いてきた。

給料をもらっているんだから、自分の担当である「死生懇話会」について、いよいよ何か始めなければと、私もやっと取り組みの進め方を考え始めた。

四月の勉強会のことを思い出すと、昨年度一時的に関係していた職員にはこの件に思い入れがなさそうだったので、良くも悪くも、もともと想定していた進め方の案は無視してもいいのかもしれないと思った。

私は特定の宗教を持つわけでも、哲学を学んだわけでもないが、世の中にはそういう人のほうが多いだろう。そもそもこの「死生懇話会」は、特定の専門知識を持つ人を対象に実施するものではない。私自身が、これなら自分でもまだ楽しんでできそうだと思うやり方のほうが、案外受け入れてくれる人が多いかもしれないと思い、自分なりのやり方でいこうと決心した。

このような取り組みをこっそりやっていても仕方がないと思った私は、「コロナのときに県は何をしているんだ？」と炎上しても構わないと腹をくくり、情報発信しながらやっていこうと思った。半ば開き直りの心境だった。

私は、三つのことをしていこうと考えた。

① 死生に関わる活動をしている方や団体などへ取材に行き、インタビュー形式で話を聞

き、その内容をシリーズ化して記事や動画などにまとめ、情報発信をしていく。

② 死生についての捉え方や仕事との関わりなどについて、職員アンケートを実施する。

③ 業務上、死生懇話会に関わりがありそうと考えられる所属から職員を出してもらい、さらに希望制で職員を募集して庁内ワーキンググループを設置する。

この三つについて、係長と課長に相談したところ、突っ込みどころ満載だったにもかかわらず、「やってみよう！」ということになった。上司が明るくて頭が柔らかくて本当に助かった。

私の中には、職員アンケートやワーキンググループメンバー募集をすることで、まずは県庁の中で「死生懇話会」の知名度を上げたいという思惑もあった。

まず、①については問題ない。しかし問題は、②の職員アンケートだ。いろいろな職場で職員に対してアンケートを実施することはよくあるが、職員に「死生観」についてアンケートするなんて前代未聞だった。

あくまで任意のアンケートとはいえ、思想に関わるようにも見えるアンケートをすることで、苦情が出るかもしれないという意見も出たが、県庁内部で済むことだし、質問項目を工夫してやればいいか、ということになった。

三つの中で最初に動かなければいけないのは、③の庁内ワーキンググループに参加するメンバーを集めるため、ほかの所属へ依頼をすることだった。

ある事柄について、部局横断でワーキンググループをつくり、会議などで集まって検討するということはわりとよくある。その場合、「こういう理由で、あなたの課から協力してくれる職員を一人出してほしいんです」とお願いするのだが、「いや、うちの課はそれほどそのことに関係しないですよ」と断られることもあるし、「何でうちが関係するんですか？　忙しいのに職員を出せというんですか？」と怒られることもある。

通常でもそんな感じなのに、今はコロナ真っ只中で、どの職場もいつも以上に厳しい。その上、「こちらの所属は死生に関係していると思うので職員を出してください」といわれても、お願いされる職場も困るだろう。

私は一応、まずは「死生」に関係する所属はどこかを明確にし、こういう理由でこの課が関係するというリストをつくったが、自信はなかった。

でもとにかくお願いするしかない。職員を出してもらうといっても、もちろん毎日来てもらうということではなく、年に何回か、何時間かだけ、一緒に取り組みに参加してもらうというものだ。できるだけ課や職員に負担が少なくなるような内容を考えた。

これは、職員を出してほしいというお願いなので、それぞれの課の課長か、その次のポストの人、要するに結構上の位にある人にお願いに行くことになる。私は小嶋係長にも一部手伝ってもらい、お願いに回ることになった。直属の上司である小嶋係長は、相談ごとも、お願いも、笑顔で応じてくれるので、私はいつも救われていた。

ワーキンググループには在宅看取りの環境整備を進める医療福祉推進課、教育を担当する教育委員会、人権施策を推進する人権施策推進課のほか、文化芸術、労働雇用、商工政策など、一〇個の所属に参加をお願いすることになった。

「そもそも死生懇話会って何なのか」「なんでうちの課が参加しないといけないのか」「コロナで大変なときにこんなことをしている場合なのか」。そんなことをいわれてもおかしくないのに、回ってみると思いのほか、「ああ、知事が正月にいっていたやつやな。大変やねえ」といってもらえた。

お願いに行った先に知り合いが多かったこともあり、「森さんがいうなら協力するよ」といってくれる人もいて、本当にありがたかった。お願いに行ったどの所属からも職員を出してもらえることになった。次は希望制の職員募集だ。

職員募集自体も県庁では時々あるが、何せ「死生懇話会庁内ワーキンググループ」メンバーの募集という、何をするのか想像もつかないメンバー募集だ。

県庁には、庁内システムの掲示板というのがあり、そこに募集を掲載することにした。

さらに、全所属にメールでの案内もした。

正直にいって、参加したいと手を挙げる職員なんかいるんだろうか、いたとしても、だいぶヤバい職員では……と思っていたが、いないならいないで構わないとも思っていた。ところが蓋を開けてみると、これまた良いほうに予想が外れ、四人の職員が応募してくれた。応募にあたって応募理由を書いてもらったが、それぞれに思いがしっかり書かれていて、驚くとともに心強い気持ちになった。

まず一番驚いたのは、文化財保護課所属の安藤さんの参加希望理由。

「白血病を患い、余命宣告されているにもかかわらず、先生と呼ばれる夢を叶えるために、病気であることを生徒に隠して教育実習生として来られた先生との別れを一四歳で経験しました。一五歳のときに研修に行ったネパールで、自分が生きてきた社会とは異なる、生々しく生と死が共存する社会を体験したことで、漠然とではあるが常に、生きることは死ぬことだと考え続ける人生を送ってきました。今回は、そのことについて他者と意見交換ができる機会だと思ったため参加を希望します」

中学生のころにそんな体験をした人が、県庁にいるということに驚いた。

それから、子ども青少年局所属の遠藤さん。

「終わりを思い描くことから始めよ、とはよく聞く言葉ですが、人生の限られた時間（＝

死）を意識して生活することは、自分らしい人生を生きるための原動力になるのかと思います。死生観というものは、自分は何のために生きているのか、ひいては自分らしく生きるにはどうすればいいか、という観念に密接に関係しています。自分らしく生きることについては個人的に強い興味があり、関連する書籍もよく読みますが、今回このような取り組みに参加することができれば、自分の知識を生かしつつ、業務に新たな見方を提供できるのではと期待しています」

遠藤さんは読書家で、若いけれど哲学者のような雰囲気を醸し出していた。

そして県立高校の教頭先生である桂本さん。

「『死』について考えること、学ぶこと、それを学校教育へ取り入れられないかとかねてより考えておりました。死について様々な角度から幅広く考えることにより、どのような接し方、捉え方でもって学校教育へアプローチし、生徒へ教えることが可能なのかを探りたく、参加を希望しました。現在、学校教育では『死』を教えることは難しいです。学習指導要領には全く掲載されておらず、『死』の漢字一字さえも記載されていないのではないでしょうか。『生』、『生きる』、『命』の文字が多く見られ、それらを教える機会はありますが、『死』をタブー視している風潮があるのではないでしょうか。教え、考える機会がないとすれば、誰がその役を担うのでしょうか。親でしょうか、地域の方でしょうか、神社寺院の方でしょうか。実のところ、誰も教えてはいないのではないでしょうか。果たしてそれでいいのだろうかと思案します」

桂本さんには、「正と負」、「善と悪」、「陰と陽」など、正反対の概念を考えて生きていくことで、より良く生きられるのではないかという強い持論があった。

流域治水政策室の数江さんもまた、台風や水害の被害者の方たちとじっくり話すことが心のケアになるのではと考えていて、自身の経験と水害で亡くなった方々への想いから、参加したいという希望だった。

「昔、私の実家では、台風により河川が氾濫し、家の一階天井まで浸水しました。一人暮らしだった母は二階に避難し、夜中に消防隊の方々にボートで助けてもらいました。母は助けられるまで、生きた心地がしなかったといっていました。その後、災害後遺症で生きがいのなくなった母は、急激に認知症が進みました。あのときの母には、私を含めソフト面でのケアが必要だったのだと思っています。私の仕事である水害の伝承・言い伝えを県民に向けて情報発信する上でも、この取り組みは役立つのではないかと考えました」

八月から九月にかけ、続々と参加メンバーが決まった。こうして様々な考え方を持つ人たちと一緒に、「死生懇話会」の取り組みが動き出すことになった。

知恵を借りる

職員を募集するのと並行して、「死生懇話会」の委員として参画していただけそうな有識者の方々を探し始めていた。

何の専門知識も持たない者が、わからないことに取り組むときの鉄則は、「わからないならわかる人に聞く」である。

はじめに、昨年度からお名前が挙がっていた、京都大学こころの未来研究センター（現・人と社会の未来研究院）教授の広井良典さんに、お話を伺うことになった。

広井さんのことを紹介してくれたのは、滋賀県立大学地域共生センター講師の上田洋平さん。上田さんは、滋賀県が様々なことでお世話になっているお馴染みの先生で、専門は地域文化学。風土に根差した暮らしと文化に関する研究・実践などに取り組んでおられ、気さくでコミュニケーション力に長けている。そんな上田さんの仲介で、広井さんとオンラインでお話ができることになった。

もし可能であれば、委員に就任いただきたいという思惑もあったが、広井さんは大変にお忙しいとのことで断念。ただこの取り組みにはとても関心を持っていただいたようで、協力しますとおっしゃってくださった。

【広井さんのお話より】

近代以降、人間は個人としていろんな自由を得た代償に、非常に孤独な形で個人が死に向かい合うという面が強くなってきました。現代社会においては、孤独な死への向かい方をどう乗り越えていくかということが普遍的なテーマになっているように感じています。

その普遍的なテーマを「視点」として共有し、コミュニティや自然とのつながりをもう一度持ち直すことで、死と孤独に向かい合う状況から、それを乗り越えていく時代認識のような視点はあってもいいかなと思います。

私は、亡くなる前の数日とか、数週間だけを切り離して議論することには疑問があります。その人の人生全体の中で看取りという時間があり、死を間近に迎えるから死生観を考えようではなく、死の準備教育については小中高生など若いころから考えるほうがいいのではないかと思っています。私自身、授業で時々、死生観をテーマに取り上げますが、学生の関心は結構高かったりするんです。

広井さんの、「死が日常から切り離された現代だからこそ、死生観を捉え直すことの意味、コミュニティの在り方や自然との共生という観点から考えていく」というお話から、哲学や宗教の切り口とはまた違い、地域社会や地域課題と結びつけて考えることができるかもしれないというヒントをもらえた。それならば行政がやるのも、そんなにおかしくないんじゃないかと思うことができた。

一〇月一三日、「第一回死生懇話会・庁内ワーキンググループ会議」を開催した。

通常、庁内のワーキンググループ（※以下、WG）は、参加メンバーの職階はだいたい揃っているものだが、このWGはテーマがテーマだし、何をするのか想像がつかないということもあってか、参加職員の職階はバラバラだった。若手から管理職まで、各課から参加してくれた十数名のメンバーと、応募メンバーの四名、そして上田さんにも参加してもらった。

冒頭、知事のメッセージ動画を流し、その後、事務局から今後の取り組みの予定などの説明をした。そして参加メンバーの自己紹介と、自分の仕事と「死生」がどうつながるか、「死生」という言葉に対して考えていることはあるかなど、自由に話をしてもらった。

応募メンバーの中には、今後の取り組みにつながるアイデアを企画書のようにまとめて持ってきてくれた人もいた。応募メンバーは、とても積極的にアイデアや自分の考えを話してくれて、担当の私なんかよりずっとこの取り組みに意義を感じて参加してくれているように思えた。会議中、私は仲間を得ることができたという気持ちになり、とても心があたたかくなったのを覚えている。

ＷＧ会議のあと、いくつかの取り組み（ＷＧ活動）を具体的に開始した。

まず、「死生」に近い仕事や活動をされている人や団体を探し、とにかく取材をしようと動き始めた。基本的には私と、企画第二係の誰かに協力してもらって行くことにして、ＷＧのメンバーの中で一緒に行きたい人がいたら同行してもらうスタイルになった。

一一月には、「看取り士」の西河美智子さん、不登校の子どもの居場所「にじっこ」運営の林ともこさん、誰でも参加できる居場所「おかえり」運営の八田典之さん、山崎史朗さん、山崎雄介さん、在宅看取りの経験者中心に集まる「花かたばみの会」の皆さん、「エンディングメイクＭＡＲＩＡ」の太田円香さんなど、様々な取り組みをされている方々のところへ取材に伺った。ほぼ毎回、同行してくれるＷＧのメンバーもいた。

この取材で私たちは、人の命や死に真剣に向き合う人たちの生半可ではない覚悟や思い、強烈なエネルギーに触れ、知らなかった世界を知ることになる。

「看取り士」という仕事があり、滋賀県内に看取り士をされている方がいることを、私は全く知らなかった。看取り士とは、死期が近い方の残りの時間に寄り添い、臨終に立ち会う仕事だった。長年看護の仕事をしてきた西河さんは、看取り期という不安の多いときに寄り添い、住み慣れた暮らしの中で安心して看取り、看取られることができるよう、看取り士として、もう一人の家族という立ち位置で、命のバトンをつなぐあったかい看取りを実現しようと活動されている。

エンディングメイクＭＡＲＩＡを運営されている復顔修復納棺師の太田さんのお話も、強烈なインパクトがあった。太田さんは、ご遺体に、生前の穏やかな表情を取り戻すメイクや復顔をされているが、その技術は独学で身につけたとのことだった。

太田さんご自身も闘病されたことがあり、そのときの苦しみの記憶が原動力になっているそうだ。三六五日二四時間いつ依頼が入るかわからない。事故でかなり顔を損傷されている方もいる。それでも復顔とメイクを施し、穏やかな顔になってもらうことで、その方のご家族や身近な人が、大切な人の死を少しずつ受け入れることができるよう手助けがしたいと語る太田さんの熱量に衝撃を受けた。

このような驚きの取材と並行しながら、「死生懇話会」の委員をどんな方にお願いしようかという検討をしていた。

死生懇話会委員

関西学院大学に、「死生学」を研究されている先生がいると知った。

大学卒業後、新聞社に入社し、勤務中に神経難病で倒れ、全身麻痺の入院生活とその後の二年半にわたるリハビリ生活を過ごした経験から、死生学の研究者となった関西学院大学教授の藤井美和さん。

大学では、「死の疑似体験ワーク」を取り入れた特徴的な授業に取り組んでいるとのことで、お話を伺いたいとお願いしたところ快諾していただき、オンラインでお話しできることになった。

【藤井さんのお話より】

ゼミのテーマが安楽死のとき、「そんなに生きるのが苦しい人がいるのなら、安楽死という道も開いてあげたら」という学生がいました。そこで私が、「生きていても仕方ないと思うぐらいしんどいのはなぜか」という問いを投げかけたところ、「そのしんどさを生み出しているのは社会ではないのか」という意見が出ました。私自身、大きな病気をして死に直面したとき、はじめて人間は、本当の自分を知るのだと思いました。誰しも必ず歳を重ね、最後は何もできない人になる。何もできなくなったとき、これまで自分が排除してきた側に置かれていることに気づきます。そのとき、その自分を受け入れることができるのか、それが問われます。社会は人の価値観の反映です。ですから苦しみが生まれるのは、社会の問題でもあり、自分の問題でもあります。この問いは必ず自分に返ってきます。

死生懇話会をつくったからといって、すぐに変化があるとか、すぐに施策に影響を与えられるかというと難しいかもしれませんが、ある意味、思い切ったことをしないと、大事なことは語れないと思います。これまでは「死生観」や「死」を考えずにきたけれど、まずは考え始めるということに意味があると思います。

今までと違う視座に立たないと、この先二〇年、三〇年、もっともっと続く多死社会では、死生についての理解や受容が追いつかないんじゃないでしょうか。懇話会という形にして、それを県がやること自体に意味があると思います。生と死を専門分化して特定の人や専門職が語ることはあっても、県（公）が全体的なテーマとして取り組むという話はあまり聞いたことがありません。

藤井さんのお話を聞き、「死生懇話会」をやろうとしていることが、はじめて意義づけされたような気がした。また、県庁で懇話会や審議会を設置するときは、通常、会長を決めて進行をお願いしているが、「死生観」というテーマのもとでは、それはふさわしくないような気もした。

委員には、藤井さんのような「死生学」を研究されている方、医師や介護士といった医療福祉分野に携わる方々、それから例えば教育、それも学校教育に限定しない「子どもが生きる上で何が大事か」といった観点で話ができる方、そして「哲学・宗教」の専門家、それに加えて学生といったメンバーで構成するのがいいのではないか、そしてどんな人にも平等に話を聞き出すことのできるファシリテーター（進行役）を決め、フラットな形で対話スタイルを取るのがいいのではないかと思うようになった。また懇話会には委員以外のゲストを招き、いろいろな視点から話題を提供してもらい、そこから対話を広げていくというやり方もいいのではないかと考えた。

この方針を知事に伝えたところ、「いいと思います」というコメントがあった。

県庁では、知事との対面での協議時間が取れない場合、書面で伺い、それに知事がコメントを返す書面協議というスタイルをとることがあり、今回もその方法で意向を伺っていた。

ようやく方針が決まったため、委員就任のお願いに入ることにした。藤井さんはすぐに快諾してくださった。

県の医師会に、どなたか適任の方がいないかと問い合わせたところ、医師会会長の越智眞一さんが直々に就任してくださることになった。介護業界からは、高齢者のデイサービスと居宅介護支援事業を運営している楠神渉さん、それからＮＰＯ法人・好きと生きる理事で、こどもエンターテインメント代表理事のミウラユウさん、病院や施設でチャプレン（※布教目的ではなく、患者の心に寄り添う宗教家のこと）として活動している僧侶で龍谷大学准教授の打本弘祐さん、そして学生代表として青柳光哉さんに、委員として就任いただけることになった。青柳さんは、滋賀県立大学の上田さんがいろんな大学の学生さんに声をかけたところ、一番積極的に興味を持ってくれた学生さんだということだった。

どの方とも、直接オンラインでお話を伺いながら進めていったのだが、皆さん、広くて柔らかくてやさしい心の持ち主で、「命」「死ぬこと」「生きること」に対して、日々強い思いで仕事に取り組まれていた。

そして鍵を握るであろう進行役は、この件にすでに巻き込む形になっていた滋賀県立大学の上田さんにお願いすることになった。

これ、どう思います？

一一月に、もう一つ取り組んだことがある。

それは「死生観に関する職員アンケート」だ。

アンケートを実施するときは、各部局に頼み、所属ごとに回答するよう職員にアナウンスしてもらうことがあるが、このアンケートはあくまで、自然体、そして任意で回答してくれる職員だけでいいと思った。回答できる環境にある職員は三六〇〇人ほどいるが、数十人でも回答してくれればいいと思っていた。

アンケートでは次のような項目を聞いた。

①　今年度「死生懇話会」を設置し、「死生観」について県が取り組もうとしていることを知っているか。

②　「死生観」という言葉にどういうイメージを持っているか。

③　県の事業として「死生観」を取り上げ、「死」と向き合い、より良い「生」を考える大切さを県民に向けて発信・提起していく取り組みを実施することをどう思うか。

④　「死生観」と自らの業務に、何らかのつながりがあると思うか。

⑤「死」や「生」のあり方について、より意識したり考えたりするのは、どういうときか。（またはこれまでどういうときだったか）

WGメンバーの安藤さんが、③について、これは死生懇話会の取り組みをやることについてどう思うかと聞いているのと同じだし、賛成する人は少ないだろう。だから自己否定になってしまわないか、あえて聞かなくてもいいのではないかと心配してくれた。

確かに、知事がやると宣言して、予算化までしている事業を、「これをやること、どう思います？」と今さら職員に聞くのは前代未聞かもしれない。

まあでもとにかくやってみようとなり、庁内システムの掲示板にアンケートを掲載した。回答期間は二週間ちょっと。結果は、七三二人が回答してくれた。

回答率が良いか悪いか、それについては何ともいえないが、少なくとも七〇〇人を超える職員が、このアンケートを見て何らかを考え、回答してくれたことはありがたかった。

そして③の設問についての回答結果は、次の通りだった。

県でやる意味を何かしら感じている職員が三八二人、必要性を感じない職員が二五七人と、賛否が分かれた形となった。

もちろん職員のうち二〇パーセント程度しか回答していないし、回答している職員はそれなりに関心を持っていたり、中には私の知り合いもいるだろうから、そのまま受け止めるわけにはいかない。それにしても意外な結果だった。このアンケート結果はのちに、この取り組みの中でしばしば取り上げられることになる。

「死生懇話会」設置

このようなことをこつこつと進め、ついに「死生懇話会」を一二月二日付けで設置することができた。(といってもすぐに懇話会を開催したわけではなく、あくまで設置要綱を制定できたということだが)

実はそれまで「死生懇話会」には(仮称)という文字がついていた。「死という文字を使うのはいかがか」「『人生一〇〇年会議』のような名称にしたほうがいいのではないか」といった意見もあったが、ここはこだわりたいと思った。「死」という文字を使うこと、その文字を先頭に持ってくること、そうでないと意味がないと思っていた。かくして、晴れて「死生懇話会」が、この取り組みの正式名称になった。

いよいよ次に、開催日を決めていく。

日程調整にあたり考えないといけないのは、コロナの状況だった。これまで何をするにもコロナの状況を見ながら、感染の波の隙間を縫うように会議や取材をしてきた。打ち合わせはできるだけオンラインで行うようにしていた。

懇話会を開催して集客する場合は、感染が拡がる恐れがあるという直接的な懸念がある。それに死生懇話会の場合は、「感染症流行で死への恐怖が高まっている中で開催することの是非」「行政が感染症対策に全力を尽くすべき状況で開催することの是非」をどう考えるかという問題があった。

前者の感染拡大の防止という問題なら、オンライン開催にすれば解決する。ただ後者はそういうわけにいかず、特に部内ではそのことを懸念する声があった。要するに世間からどう見えるかということだ。

私としては、一定の批判は仕方ないし、それが嫌なら「死生懇話会」なんてそもそもやらなければいいやんと思っていた。

コロナであってもなくても、「行政がすることか？」という批判はあるし、職員の中にもそんなふうに見ている人は多いはず。実際、私が他の課の職員と会ったとき、死生懇話会を担当しているというと、大変やな、という反応とともに、何でそんなことする必要あるんやろなとか、何を目指してるん、といわれることが多かった。

知事の肝煎《きもい》りだということをみんな知っているので、私に対しては同情めいた反応ではあったが、コロナ禍の今、わざわざやらないといけないのかと思っている人は多かったと思う。

県が実施する取り組みをどう広く周知するかはいつも課題になっているので、むしろちょっと炎上したほうが話題になっていいやん、ぐらいに思っていた私だが、あまりにも批判が強くなった場合、この取り組みを進めることができなくなることもあり得る。

でもせっかく開き直ってやろうと思い始めたことだし、何より、委員やWGメンバーなど、意義を感じて協力しようとしてくれている人たちがいる。

実は、部長がひどく開催を心配して、知事に意向を確認してほしいというので、八月ごろに一度、本当に開催に向けて進めていいのかを知事に確認しにいったことがある。部長が自分で行ってくれたらいいのになぁと思いながら、昼休みの時間を利用して少しだけ時間をもらい、知事室に入って直接聞いたのだが、知事はとても不機嫌そうな声で、「何か課題でもあるんか?」といった。「どうしますかではなく、課題があるなら整理して持ってきて」と。

知事にとって、四月の勉強会のときに「たとえスケジュールが延びても大事なことだからやる」といった気持ちは、夏にコロナの第二波が押し寄せて大変な状況が続いた中でも変わっていなかったんだと思う。知事は、とっくに「やる」と決めていたのだろうし、

「死生懇話会」は、真摯に取り組むことで、県民に理解してもらえると考えていたのかもしれない。

そういうわけで、やらない選択肢はなくなった。開催方法はオンラインにして、会場に人を集めないことにした。私は、懸念に対しての考え方を整理し、もし何か問われたなら、次のように真摯に説明するつもりで準備を進めていった。

○　コロナにより「死」の恐怖に直面する中、「命」や「つながり」の重要性は再認識されている。「死」「生」という根源的テーマについて考える社会的な意識や重要性がむしろ高まっており、「死」「生」に真摯に向き合う機会や情報の提供は、不安が渦巻く今こそ重要。

○　コロナ危機を経験したことにより、イベントのオンライン開催など、これまでになかった方法や選択肢が取れるようになった。

○　新型コロナウイルス感染症対策は、引き続き最優先で進めていくが、こういった状況にあるからこそ、コロナ後の社会の土壌づくりにつながる取り組みや、次の時代への光を見出す取り組みについては、感染症対策に万全を期しながら、できる範囲で実施していく。

そして第一回・死生懇話会は、二〇二一年三月六日（土）に開催することが決まった。

雑貨屋だったり、土壌だったり

年末の一二月二四日、ここまでの経緯の報告を兼ねて、知事と対面で協議をすることになった。それまでも書面では随時報告を入れていたが、ちゃんと時間をとって話すのは四月以来だった。

この協議には、ＷＧの応募職員のうち若手職員である安藤さんと遠藤さんにも同席してもらうことにした。二人とも取材に同行してくれ、積極的にアイデアを出してくれていた。

ここまで手探りでやってきた私のイメージとして、死生懇話会の取り組みは、「雑貨屋」のようだと感じていた。

どう生きるかとか死ぬかとか、何が良いとか悪いとか、こちらが決めるわけではもちろんなく、「生」「死」に関係している人や、いろんな仕事をしている人や、いろんな取り組みや考え方があって、それをできるだけ集めて皆さんに提供する。

それはまるで雑貨屋に商品を並べているようなイメージだった。

雑貨屋には、何に使うのかよくわからないようなものが並んでいたりするが、使い方はそれを手にした人が決めればいい。人それぞれ、必要なものは違う。何かお気に入りのものが一つでもあれば、それを持って帰り、少しだけ暮らしを豊かにしてもらえればいい。死生懇話会とは、何だかそういうものなんじゃないかなという気がしていた。

それともう一つ、これは「土壌」に働きかけるようなイメージだとも思っていた。

行政の取り組みは通常、医療、教育、産業、土木など、生活のどの部分を担うかという分野があるが、死生懇話会はこれがよくわからない。生活のどこに効くとかいえるものでもない。でも「死生観」が醸成されることで、みんなの視点が少し変わったり、「死」を切り口に考えることで、人というものをより尊い存在に感じたり、人間は自然の一部だと思えたり、うまくいえないが、みんなが少し寛容になれて、お互いを想い合える。そんな「土壌」の部分が、ほんのちょっとずつ変わっていくことにつながるのかもしれないと思い始めていた。

この取り組みを実施することで、こんな成果が出ました！　と数字が出たり、その効果を言語化できたりはしないけれど、やる意義はどこかにある。しかし予算を確保しようとするときには、財政課への説明に困ったり、議会での説明に困ったりする。

昨今、社会の寛容性が失われてきているように感じることがある。自分も含め、もっと寛容であったらいいなと思っているのが偽りのない気持ちだ。どんな人も、生まれてただ死んでいく平等で同じ存在なんだから、無駄に争ったり、誰が偉いとか、誰は役に立たないとか、そんなことで優劣をつけすぎることや、ちょっと人と違うことをしたからといって叩かれるような風潮にうんざりしていた。

死生懇話会を開催したからといって、それらが一気に変わるなんてことはあり得ないが、少しでも変わることにつながるなら、やっても悪くはないんじゃないかと思っていた。

知事協議で、私はそんな話をした。

安藤さんと遠藤さんもそれぞれに考えを話した。知事からもいろんな話があったが、「雑貨屋」「土壌」というイメージは共感してもらえたようだった。知事は、これまで随時報告していた取材内容や職員アンケート結果をしっかり読んでくれていた。

知事は、四月の協議のとき以上にたくさん語った。

「県行政にとって、この懇話会をやったからすぐに新しい施策が見つかるというものではないかもしれない。でもぼくはいろんな人の話を聞いていくうちに、県行政のすべてを貫くものとか、資料一つつくるときの言葉の並べ方とか、使う言葉の一つひとつが、この懇話会をやった人とやらなかった人、この懇話会をやった県とやらなかった県では違ってくるんじゃないのかなと思うようになった。

死生懇話会では、報告書や提言をまとめるんじゃなくて、よりよく生きるためのヒントを教えてもらえるんじゃないかと思っている。取り組みの終わりのイメージを考えなくてもいいし、まずはいろいろ広げてみよう。まとめることは考えなくていい。

ぼくはこのコロナ禍で、『光』という言葉が好きになった。どこへ行ったらいいかわからへんけど、光を目指して行こうっていうのがあっちこっちにあって、『死』を考えることは、実は生きるための『光』を見出すことなんじゃないかなと思っている」

そして知事はこんなこともいった。

「一つ感覚的なことをいわせてもらうと、この仕事を最初に任されたときの森さんの顔と、今の森さんの顔は全然違うなあ。最初、何でこんなことしなあかんのやろ？　と思ってたやろ。でもやっているうちに、なんか変わったんかな」

私は、自分ではよくわからないが、そう見えるならそうなのかもしれないと思った。この取り組みを行政でやることに、ましてやコロナ禍でやることに、まだまだ疑問がないわけではない。

でも少なくとも、強い思いを持って協力してくれる人たちがいる。私は仲間を得た。理解ある上司もいる。知らなかった世界を少し知った。ある意味、通常なら県職員がやらないことをやれる。そして何より決まりがないので自由にできる。

前向きになれる要素があったことは事実だ。そして気のせいかもしれないが、コロナ禍で、「死生観」の問い直しのようなことが世の中でも重要視されているような印象もある。

「それから職員アンケート。思っていたより多く答えてくれていてびっくりした。こういうものに対する潜在的な思いというか、吐露というか、聞かれたらいろいろいうよ、いえるよ、みたいなんあるんやな。書くことで、話すことで、自分自身整理できるというか、そういうこともあるのかな」

知事がやると決めたことについて、「こんなことやるのをどう思うか？」と職員に聞くという「超無礼アンケート」だったのに、意外にも知事は喜んでいた。

このときの知事室での会話は、今後の死生懇話会のいろいろな取り組みを進めていく中で、大切なベースとなったように思う。

そして、安藤さんがいった。

「ずっと森さんに謝らないとなって思ってることがあって。森さんが、このアンケートの内容どうですかって僕たちに聞いてくれたとき、こんなこと聞いても、反対する職員ばっかりやし、みんな忙しいし、逆に足を引っ張られるからやらんほうがいいですよ、みたいなことをいったんですけど、蓋を開けてみたらこれだけの回答があって、結構、好意的な話もあって、なんかちょっと救われたというか、まだまだ県庁捨てたものじゃないって思ったんです」

真剣に考えてくれていることにジーンとしていたら、知事がいった。

「これはこれからどんどん広がっていくから大変やろうけど、がんばって」

この言葉で、この日の協議はお開きとなった。

「死生懇話会」開催準備

死生懇話会の予算は、委員への謝礼金（それも申し訳ないほど少ない）と交通費ぐらいしかない。

イベント運営を業者にお願いするような費用はもちろんない。広報は自分でしなければならず、開催案内チラシのデザインを自作し、県が持っている広報ツールを活用して周知した。オンライン拠点会場は県庁の会議室を使うので、使用料は不要だが、オンライン開催をすることなど想定していなかったし、経験もないので、どうすればいいのかわからなかった。

調べてみると、Ｚｏｏｍウェビナーという機能が使えそうだとわかったが、使ったことがない。そんなときは助けを求めるしかない。庁内システムの掲示板には、机譲ってくださいとか、棚譲ってくださいとか、「〇〇譲ってください」コーナーがあるので、私はダメ元でそこへ掲載してみた。

「ウェビナーによるイベント開催のノウハウを譲ってください」

すぐに連絡をくれた職員がいた。なんでも聞いてみるものだと感心しながら、すぐにその職員のところに行って、ノウハウやコツを教えてもらった。

それから、議会への説明も必要だった。何かイベントをするたびに説明するわけではないが、議員によって賛否があることなので、事前に説明しようということになった。

「やるなとはいわないが、どうやって県民に伝えるのか。最終的にどう共有するのか」

「コロナで状況は変わってきた、どうしてもせなあかんのか」

「オンラインでやるのは技術的に大丈夫なのか？　ただ流しているだけだとつまらない」

議会では、議員から懸念の声も上がっていたが、「やるなら今後につながるように」という感じで、やるなとまではいわれなかった。

そうした調整の一方で、二月に二回目のＷＧ会議をしようと準備をしていた。

前回はビデオメッセージでの参加だった知事が、今度は実際に参加できる日程で調整し、二月一二日に開催することになった。

ＷＧは若手や中堅が多く、幹部職員の参加者はいない。通常、知事がこのようなＷＧ会議にフル参加することはほとんどない。本当は参加したいと思っているのかもしれないが、超多忙なスケジュールのため、優先順位はどうしても下になるのかもしれない。

第二回・WG会議では、事務局（企画調整課）から、職員アンケートの結果やそれまでの取材の報告、死生懇話会開催の案内などをしたあと、意見交換の時間とした。

会議には、第一回に続き、死生懇話会の進行役をお願いしている上田さんにも参加してもらった。（上田さんには、これ以降も、ことあるごとに死生懇話会の取り組みへの参加協力をお願いし、どっぷり関わってもらうことになる）

意見交換では、それぞれの職員が、自分や家族の体験を交えた話をしたり、自身の仕事内容と絡めた話をしたり、死生観を話したり、前回の会議より自由度が増した感じがした。「死」を会話のスタートにすると、年代や職種に関係なく話ができるような感触があった。それぞれに視点が違うが、それぞれがそれをゆるく受け入れながら、時間を共有できているような感じがした。

何せ誰も一度も死んだことがないので、若いから知識が不足しているとか、ベテランだからよく知っている、ということがない。でも全員いつか死ぬので、関係のない人はいない。結局、「死」を切り口にしつつも、「生きる」ことを話していた。なんとも不思議な会議だった。

知事も一参加者として話に加わっていた。知事という肩書きを置いて、一人の人間として参加している印象を受けた。そして、これ以降のWG会議には可能な限り知事も参加してくれるようになった。「死」を前にすると、みんなただの人間になるのかもしれない。

第一回・死生懇話会

二〇二一年三月六日(土)、第一回・死生懇話会を開催した。

オンライン聴講の募集には、二〇〇名以上の方から申し込みがあった。

県の懇話会や審議会などは、公開で開催するものがほとんどだが、傍聴する人はたいてい数人である。土曜の開催ということもあったし、オンラインで見られる手軽さもあっただろうが、県の懇話会にこれだけの聴講申し込みがあるのは異例だった。

懇話会の構成は、県で実施した職員アンケートの結果を紹介しながら、各委員の自己紹介を含めた自由な意見交換を中心にすることにした。

進行役の上田さんとの事前の相談で、各出演者に「死生」から思い浮かぶキーワードをそれぞれ三つ出してもらい、それを議論のきっかけにして、意見交換をしようということになっていた。初回なので、委員の他にゲストを呼ぶことはしなかった。

本当は、聴講者からタイムリーにコメントや質問などをもらいながら進めたかったが、時間が足りなくなることが予想されたので、初回はそれをせずに開催することになった。

こうした取り組みが珍しいからか、会場にはマスコミが一〇社ほど取材に来てくれた。オンライン拠点会場に、我々スタッフと知事、上田さん、それと三名の委員がいて、他の委員はそれぞれ自宅などからオンラインで参加。一般の方はその会場の様子をオンラインで見るというスタイルだ。

そしていよいよ懇話会が始まった。業者に運営委託していないので、私は司会とオンラインの操作、時間管理などをしなくてはならず、正直なところ、開催中に皆さんのお話をちゃんと聞く余裕はなかった。途中で音声が不明瞭になることがあり、画面がフリーズしないかなど技術的なことが気になって仕方がなかったが、もしオンラインのトラブルがあっても、それを瞬時に解決するほどのノウハウがあるはずもなく、最後まで画像や音声が途切れないようにただただ祈るしかなかった。機材も県庁中からかき集め、組み合わせて設営したので、かなり不安な環境下での実施だった。

懇話会は順調に進み、このとき、一つルールのようなものができた。

「死」については、誰も回答を持たないという意味でみんな同じだから、お互いを肩書きで呼ぶのはやめ、「さん」付けで呼び合おうということになった。これは知事からの提案で、皆さんの了承のもと、その後も「さん」付けルールが毎回の慣例になった。
第一回・死生懇話会での委員の方々の発言を少しだけ紹介したいと思う。

【越智眞一さん（医師）】

患者さんが亡くなられたときに死亡診断書を書きますが、約一二種類に分類された死を選んで書くことになっています。一番の死因は病死および自然死です。世の中には、事故や災害などでの突然の別れがあるということは念頭におかねばならないことだと思います。ペットが死んだとき、子どもが死んだ犬を電気屋に持ってきて「電池をかえて」といったという話があります。生命というものがどのようなものかを子どもは全く知らない。死についての話を幼児教育の場からしていく必要があるのではないかと思っています。

【楠神渉さん（ケアマネジャー）】

人生の最終章を、その人らしく過ごせるように必要なチームをつくる。私たちの仕事にはそういう役割があるのかなと思っています。死は特別なことではなく、普段の生活、生の延長線上にある。看取りの現場で、おじいちゃんが亡くなったとき、その場にいたお孫さんに、命のバトンが渡された光景を見せていただいた気がしたことがあります。

【打本弘祐さん（龍谷大学農学部准教授、僧侶）】

臨床宗教師の活動に関わっていますが、死を目の前にした患者さんの中には、「なぜ私はこんな病気になったのか？」「なぜ死ななければならないのか？」という問いを持つ方がおられます。スピリチュアルペインといわれる根源的な問いです。臨床宗教師は、そうした問いに対して自分の宗教を押しつけるのではなく、その患者さんの問いを、患者さん自身が見つけていく歩みに寄り添う伴走者の役割を持っています。

【藤井美和さん（関西学院大学教授、死生学研究者）】

媒体の仕事をしていたとき、原稿執筆中に急に頭が痛くなって、手がしびれ出し、三日間で全身麻痺になってしまいました。運ばれた救急病棟で主治医から、「藤井さん、今晩はどんなことでもしてあげるからがんばりなさい」といわれたとき、自分はひどく厳しい状態なんだということを察知しました。そのとき、何が心の中から湧き上がってきたかというと、一生懸命にしていた仕事のことではなく、「私は何のために生きてきたんだろう」「私の人生は何だったんだろう」という思いでした。

「死」があるからこそ、私たちは与えられた人生をどう生きるかという問題に向き合うことができるんです。「生と死について考える」ということをわざわざ出してこないといけないこと自体、私たちが死を追いやってきた結果ですよね。死を排除してきたことが、生と死を語りにくくしている原因だと思います。

【ミウラユウさん（NPO法人好きと生きる理事 こどもエンターテインメント代表理事）】

なぜ、共生、共生といわないと一緒に生きていけないような社会になってきたんだろうと思います。それを起点に、この死生懇話会の中で、私の考えや体験したことをお話しできたらいいなと思っています。私自身、自分を肯定できなかった、自分の性別がわからなかったことで、子どものときから死にたいとか消えたいとかよく考えていて、そのたびに「自分を大切にしなさい」「命を大切にしなさい」といわれていました。でも具体的に命を大切にするってどういうことだろうって思っていて、どういう行動が命を大切にすることなんですかって人に聞いても、具体的なアドバイスは出てこない。だからそういうことを皆さんと考えていけたらいいなと思います。

【青柳光哉さん（大学生）】

幼少期に祖母が亡くなったとき、母から「学校であまり死についての話はしないのよ」

といわれたのを覚えています。「死は避けなければならないことなんだな」と思ったんです。でも高校のとき、友人の母親が亡くなって、その友人は母親の死を乗り越えて、医師になりたいと努力するようになったんです。死を語ることは悪いことだと親にはいわれていたけど、友人は母親の死をきっかけに医師になるという夢を獲得したというか、夢を持つことができた。死がもたらすものは果たして悪いものなんだろうか、死を語ることは本当に悪いことなんだろうかという疑問を持つようになりました。

第一回・死生懇話会は、各委員さんが肩書きや立場に関係なく思ったことを自由に話してくれて、なんとか無事に終了した。聴講者は約一七〇名。アンケートでは、ほとんどの方が「とても良かった」「良かった」と回答してくれた。

そして翌日以降、新聞など媒体に、次のような見出しが躍った。

○「死」から「生」を考える。滋賀県初の懇話会開催、多死社会議論
○死を議論する「死生懇話会」で多死社会に向き合う行政
○手探りの中、「死生懇話会」発足
○異例の取り組み、滋賀県で「死生懇話会」

このようにして、本当に手探りの中、死生懇話会の初年度が終わった。

翌年度からは運営や様々な取材の動画配信など、技術的な部分を業者委託したいと思っていたので、夏ごろから翌年度の予算取りの調整を行っていた。予算の査定をする財政課からは多くの突っ込みがくる。限りある予算を適正に配分することに責任を持つ財政課からすれば当然の仕事だ。誰をターゲットにするのか、この事業でどんな効果を見込むのかなど、当たり前に聞かれる質問こそ、この取り組みで最も答えにくい質問だ。

その質問に対して、私は次のように回答していた。

○「死」「生」の捉え方について、様々な考え方や取り組み方などの情報を幅広く集めて発信していくことで、県民の皆さんが、生きることや他者との関わり、地域のつながりを構築する上でのヒントにつなげていただくことを狙いとしている。

○県としては、この事業を通して、「死」「生」に関わる様々な地域資源や人を見つけ出し、連携していくことで、「最期まで自分らしく生きること」「いつまでもその人らしく活躍し、共に支えあう社会」を実現する上での裾野を広げていくことができ、具体的な施策につながる視点や資源を得ることが期待できる。

私は、答えになっているような、なっていないような、ほとんど精神論に近い勢いだけでいい切る説明を続けていた。財政課の担当は、「まぁ知事が絶対やるっていってることなんで……。検討はします」と明らかに困っていたが、なんとか調整してくれた。死生懇話会は、今後も財政課泣かせの取り組みとなっていくのだろう。

私がここまでの取り組みで一番感じていたことは、「死生懇話会」の意義は、関わった人たちが教えてくれるということだった。

そして、「死生懇話会」の鉄則として、「まとめない、まとめようとしない」ということが、知事も公認の考え方となって、関係するみんなに共有されていくことになった。

二年目

（令和三年度）

流れに乗って

新メンバー

二〇二一年四月、死生懇話会の取り組みは二年目に入った。三月になんとか第一回・死生懇話会を開催することができたばかりだが、早速、第二回開催へ向けての調整に入った。

委員の方々の日程調整をしながら、今年度は運営を委託する予算もなんとかついたので、受託事業者を決めるために事業者を公募する手続きを始めた。事業者に委託したいのは、主に「死生懇話会」を開催するときのオンライン配信といった技術的な部分と、インタビュー動画の制作などの情報発信だ。

公募したところ三社から手が挙がり、審査の結果、地元のテレビ局が受託することになった。これで、前回のように、トラブルが起きたらどうしようとハラハラしながら進行する心配はなくなった。バンザイ！

ちなみに、受託事業者となった滋賀県ローカルのテレビ局は、びわ湖放送株式会社で、別名「ＢＢＣ」という。滋賀県の人間はみんな普通にＢＢＣと呼んでいるが、他県の人が聞くと、「え？　あの、イギリスの⁇」となる。

五月に入ると、昨年度立ち上げた死生懇話会・庁内ＷＧの活動も進めた。年度が替わると、人事異動でメンバーに変更がある所属もある。ちなみに企画調整課の課長にも交替があった。応募職員は引き続き参加してくれることになり、異動で新しくメンバーになった職員も含めて、第三回・ＷＧ会議を開催することにした。今回のＷＧ会議にも知事が参加することとなり、死生懇話会の進行役として関わっていただいている上田さんも参加。

新しいメンバーがいるので、最初に「死生懇話会」が何なのかという簡単な説明と、昨年度の取り組みの概要、今後の取り組みの予定を私から紹介したあと、今回もそれぞれの職員にフリーで話をしてもらうことになった。

相変わらずこの会議は、「会議」という名称を持ちながら、何かを決めるわけではない。どの職員も、自分の仕事がある中で出席してくれているので、こんな会議でいいのかなと思う気持ちもあるが、そういう会議もたまにはいいやんと開き直りつつ、意外と文句も出ないので、心の中で許してと謝りながら進めていた。

「お役所」というところは、毎日毎日パソコンに向かったり、書類をチェックしたり、数字の計算をしているところだというイメージを持っている方は多いかもしれない。

でも実はいろんな仕事があって、いろんな職員がいる。同じ県庁で勤務していても、仕事も違えば視点も違う。当たり前といえば当たり前だが、そのことが、このWG会議ではよくわかる。

教育委員会や児童福祉担当の職員などは、子どもたちがいかに愛を感じられるのかを考えながら仕事をしているし、医療福祉担当の職員は、緩和ケアなど最期の瞬間まで人が幸せに生きられるようにと考えながら仕事をしている。どの職員も「人」に向き合い、「人」が幸せに生きるための方法を模索している。

それぞれの職員が自分の仕事に忙しい中、この「何も決めやしない会議」に付き合ってくれていることに心から感謝しつつ、私は、今の正直な気持ちを話した。

「死生懇話会を行政でやるということについては、今でも常に悩んでいる状態なんですけど、ただ、寛容な社会になっていったらいいな、そうなるために何かできたらいいなと思っています。世の中で起きていることって、単純に誰が悪いということではなく、いろんな人のいろんな事情が複合的に重なっていたり、誰も悪くないということもあるんじゃないかなと思うんです。犯人捜しをすることで、本質が見えなくなってしまう。生きて、活動しているのは、結局、人なんだから、自分と同じ人間が、どんな事情があってこんなことになったのかなと想像したり許容したりすることで、原因が見つかったりすることもあるような気がしています。そんな寛容な風潮というか、想像力を育む風土というか、そんな雰囲気のようなものをつくっていくことが、これからの時代には大事かなと思うんです。この会が、そんな大きなことに役立つのかはわからないんですけど、せめて寛容な社会の雰囲気づくりのきっかけになるといいのかなと思ったりしています」

何も決めない会議が、イコール何も役に立たない会議ではないと思う。

出席してくれている職員が「この会議、いったい何なんだろう?」と思いながら、「でもなんかいい話が聞けた気がする」とか、「自分でもぼんやりと思っていたことが、話してみて整理できた気がする」とか、そんなことを思い、それぞれの持ち場（職場）に戻ったときに、ほんのちょっとでも何かが変わるようなものにしたいなと私は思っていた。

第二回・死生懇話会

二回目の死生懇話会は、二〇二一年六月一九日（土）に開催することになった。

今回からは、委員のほかにゲストスピーカーをお呼びして、冒頭に話をしてもらい、その後、その話を対話のきっかけとして進行していくことになった。また、前回はできなかった聴講者からのコメントや質問をリアルタイムで集め、懇話会の中でその内容にも触れていこうということになった。そしてゲストスピーカーは、京都大学こころの未来研究センター教授の広井良典さんにお願いすることになった。

広井さんは、「死生懇話会」をどう進めていいかわからず路頭に迷っていた昨年の夏、私たちにアドバイスをくださった恩人だ。広井さんには、『死生観の再構築』というテーマでお話をしていただくことになった。

この時期、コロナも少し落ち着きを見せていたので、なんとか無事に開催当日を迎えることができた。今回はオンラインと会場、どちらでも聴講してもらえるハイブリッドスタイルにして開催した。

まずは知事の挨拶から始まり、「今日も、お互いを、さん付けで呼び合いましょう」と呼びかけた。広井さんは、学術的な話、人間の歴史なども踏まえながら、「死生観」というものをどう捉えるのかといった、とても興味深い話をしてくださった。少しだけ紹介したいと思う。

【広井さんのお話より】

死生観について一つの答えがある、ということは当然ありません。

私は、「死生観の空洞化と再構築」ということを考えています。高度成長期を中心に、とにかく経済や人口が増え続けてきた時代というのは、死について正面から議論するというより、良くも悪くも、物質的な豊かさを追求する傾向が強かったと思います。それが「死生観の空洞化」です。

では「死生観というのはいったい何だ？」ということになってくるわけですが、一つの表現としては、「私の生、そして死が、宇宙や生命全体の流れの中で、どのような位置にあり、どのような意味を持っているか、それについての考えや理解」とでもいえるかと思います。「私はいったい、どこから来てどこへ行くのか」という問いに、一定の展望を与えてくれる、そういうことではないかと思います。

人生というのは、ある意味で上昇・成長していく一つの直線のようなイメージがあると思いますが、その見方をすると、どうしても老いや死がネガティブなものとして考えられてしまう面があると思います。ですから、人は生まれ、子ども、大人、老人の時期を経て、大きく円を描いて元の場所に戻るような円環の人生イメージを持つといいのかもしれません。生と死が隣り合わせであり、同じ場所に位置しているというイメージです。

人間は農耕を始めるようになってから、死についての「共同幻想」というようなものをつくり、死は単なる無ではなく「もう一つの世界」としてあると考えるようになったのではないかと思います。死の世界を共有することで、一人ひとりの死を超えた、永続する世界を創造したということがいえるのかもしれません。

どうしても現代においては、個人というのがコミュニティや自然から切り離されていきがちですが、コミュニティや自然とのつながりを回復していくことが、死生観にとって非常に重要なのではないかと考えています。

生を充実させることに関心を向けて、死ということは別に考えなくてもいいのではないかという考えも、確かに一理あるかなとは思います。ただ人間はやがて死ぬわけです。それは自分自身もそうですし、自分の周りの人もそうです。

やはり死というところまで含めて生きることの意味といいますか、何で自分が生きているのかということについての自分なりの考え方を持っていること、それが生きていくことのエネルギーというか源泉につながっていくのではないか、そして、より深い形で人生を過ごしていくことができるのではないかと思います。

広井さんの話をきっかけとして、各委員さんの対話が続いていった。

その対話も簡単に紹介したいと思う。

【青柳光哉さん（大学生）】

僕は看護学部で学んでいるんですけど、お話を聞いていて、自分自身も死生観を持つことが重要なのだと思いました。そして、死生観を持った上で、死生観を持っていない人、死について考えたことがないという人に対して、死生観を持ち、死について考えることがなぜ重要なのか、それをどう説明していけばいいのかなと考えました。

【三日月大造（滋賀県知事）】

有限だから、無限の楽しみや幸せを味わいたいという想い。ぼくは、命あるものの死にどれだけ接するかというのが、自分の感受性を豊かにするんじゃないかなと思っているところがあります。死生の空洞化からの共有化、空洞化しているからこそ共有したい、共有しなきゃみたいな動き、その動きに何か期待するところがあるなあと思います。

【楠神渉さん（ケアマネジャー）】

新聞やドラマ、もしくは関係する方の葬儀に参列するなど、普段の生活の中で死に向き合う機会はたくさんありますが、実際、自分の身近で死に向き合って考える機会は少ないんだなと思います。病院で、親御さんに延命治療を求められる場面があったとき、ご本人、ご家族の思い、それぞれがどう思っているのか、もしそれまでに話す場があったなら、違う選択をされるということもあったのかなと思うことがあります。

【越智眞一さん（医師）】

救急の場は、選択を迫る場です。医師としては、どうしても生かさなければならない立場ですので、「どうしますか？」という問いかけになります。これはもう、職務柄、仕方のないことだろうと思います。死生観の問題について、今は「アドバンス・ケア・プランニング」、元気なときから死について考えましょう、死に方について考えていきましょうというような動きになっています。

【打本弘祐さん（僧侶・龍谷大学准教授）】

私は学生さんに仏教を教えていますが、学生さんのほうが自分なりの死生観や、亡くなったらこうなるんじゃないかと訴えてくるケースが多いような気がいたします。確かに空洞化ということはあるかもしれませんが、ある意味、ものすごく細い線のような死生観は持っていらっしゃるような気がしているんです。私の中では、死生観の空洞化にも世代によるグラデーションのようなものがあるんじゃないかなと思っています。高齢の方の中には、しっかりとした考えをお持ちの方もいらっしゃるし、学生さんのような若い方でも、何か気づいて自分の中で問いを深めている方、自分なりの答えを持っている方、そういう方もいらっしゃるような気がするんです。

【藤井美和さん（死生学研究者・関西学院大学教授）】

リアルな死を教えることは、誰もが難しいと考えていると思います。「苦しいから死んでしまいたい」「自分は何のために生きているんだろう?」「私がいなくたって別に世の中何も変わらないし、私が死んだって誰も悲しまない」。そんなふうに思っている若い人たちが比較的多くいます。その中で「死を教える」となると、ものすごくハードルが高くなってしまいます。

死生学の授業では、「死を教える」というより、死に対するいろんな見方から死を考える方法を取り入れています。三人称としての客観的、学問的な学びだけでなく、ホスピスで死にゆく人を看取ってきた専門家、ご自身が病気を持っておられる方、自死で家族を亡くした方々などに、当事者や二人称の立場で語っていただき、授業の最後に一人称の体験として、自分が亡くなっていく「死の疑似体験」というワークショップをやっています。

疑似体験を通して、「ああ、自分は一人で生きていると思っていたけれど、いろんな人に支えられてたんだ、一人じゃなかったんだ」と気がついて、「自分なんか死ねばいいと思っていたのはちょっと違ったかな」と感じる学生もいます。また、「自分が生きてるんだと思っていたけれど、実は、生かされていたんだ」と感じる学生も多くいます。

【ミウラユウさん（団体代表）】

私も比較的若い年齢の人たちからの相談をたくさん受けています。多くの若者たちが「もう消えてなくなりたい」というんです。「死ぬ」というより「消えたい」という言葉を使う人が多いです。私は何の専門家でもないので、学術的なこととか、哲学的なことを語ることはできないんですけど、直感でお話しさせていただくとすると、今はやっぱり社会的背景がとてもしんどくて、幼いときから優と劣があって、勝ち負けがあって、自分は優れていないからダメ、勝てないとダメとなる。

私たちの世代に「勝ち組」みたいな言葉ができて、勝ち組に入れない人たちは、社会とつながれなかったり、社会に居場所がなかったりする。家庭でも、社会でも、学校でも、毎日毎日そのことと向き合いながら、心の余裕を持って何か楽しいことをしようかなどと考える暇もなく生活しているので、それは普通にしんどいなと思うんですよ。

「どう生きるのが正しいんですか」と聞かれても、正解がわからないし、「死んだらどうなるんですか」の答えにも正解が出せない。ただ、「生まれてきてくれたこと、ここにあなたが生きていることはとても大事なことだし、何もできなくてもいいから、生きてそこにいてくれることがすべてで大切なこと」ということを、毎回伝えるようにしています。

死に対して恐れを抱く人には、否定せずに「怖いよね」といいます。「死にたくなる気持ちもわかります。死なないでほしいと私は思うけど、あなたが死にたい思いを抱えていることはとてもよくわかるし、それがダメなことだとは思わない」といいながら一緒にいるというか。何かを指導するとか導くとか、理解させるとか教えるではなく、隣に座って、あなたと一緒におしゃべりしていたい、一緒にいようねということをいえる大人でいたいなと思っています。

【上田洋平さん（進行役・滋賀県立大学講師）】

聴講者の方からコメントをいただいているので取り上げていきます。

「今日のもう一つの重要なテーマ『再構築』の中で、地元という言葉に共感しました。しかし、地元を持てるか持てないかはある意味運命であり、地元を持てる人は幸せなのだろうと思いました」というコメントをいただきました。また「帰る場所」について、「引っ越しが多く浮き草のような人生でした。夫や自分の親の墓に入りたくない私が、夫と家の近くの合祀の墓に入ることに決めたとき、なぜか心が楽になりました。死んだら愛犬にも会えるので、死に怖さを感じなくなりました。不思議です」というコメントもあります。

この「地元」が、かえって人を苦しめるというか、死生観を考えるときに、「じゃあ、俺、地元がないじゃないか。どうしたらいいの？」というようなことがあるかもしれない。この辺についてはいかがでしょう。

【越智眞一さん（医師）】

行政は昔、「住み慣れた場所で」という言葉をよく使っていました。僕は今、「地元」という言葉の代わりに、例えば死ぬ場所であれば「死にたいところ」と、そんなふうに死に場所を選ぶ自由、それが「地元」なんだろうと考えています。

例えば滋賀県が、「琵琶湖が見えるところを提供しますよ」という話をすれば、全国から死にたい方が（自死希望者ではないですよ）、人生の最期を琵琶湖で終えようという方が集まってこられてもいいんじゃないでしょうか。みんながそれぐらいの寛容な心を持って、安らかに逝っていただく。これはもう生き方、死に方の自由、納得して逝かれた人の残された家族の満足につながっていくように思います。

【楠神渉さん（ケアマネジャー）】

私は、「地元」を「居場所」といい換えてもいいんじゃないかなと思っております。生まれ育った地元という意味ではなく、自分が死を迎えるであろう居場所。

居場所というのは、死だけじゃなくて、生についてもいえると思うんです。生きる居場所。この仲間がいるからここで生きられる、そういう居場所がある。それは決して生まれ育った地元だけじゃなくて、今、仲間がいる場所というのもあるかもしれません。

【三日月大造（滋賀県知事）】

以前、ＣＣＲＣ（※コンティニュイング・ケア・リタイアメント・コミュニティの略。高齢者が元気なうちから入居できる施設を集めた居住地のこと）の話が出たとき、「死に場所をどこに求めますか？」というテーマが浮かび上がりました。ぼくは、滋賀県は真ん中に琵琶湖があって、周りにうつくしい山々があって、人と人とが支え合える環境を大事にしているから、「天に旅立つときには滋賀県からどうですか？」といえるようになったらいいなと思っていました。ただ、そのときに周りから出てきた反応は、「いや、知事、それはあかん」でした。高齢者ばっかり集まってくると社会的費用がものすごくかさむ、地域が大変なことになるといった趣旨の反応がありました。老いて亡くなる、支え合うということが、何となく社会的費用の面から捉えられてしまう風潮や、「いるだけでいいんだよ」「あなたそのものがいいんだよ」といえない風潮が、今の社会の在りようのような気がして。だから例えばこの死生懇話会が、そうじゃない社会の在りようを探っていくきっかけになったらいいなと思いました。

【藤井美和さん（死生学研究者・関西学院大学教授）】

私は、居場所そのものは具体的な場所である必要はないのかなと思っています。それこそ家のない人だったり、いろんな事情で地元がない人はいっぱいいて、あるいは、あるけど帰れない人もいると思います。日本人はよく「心の居場所」という言葉を使いますけど、居場所というのは「関係性」でできているんじゃないかなと思うんです。目に見える具体的な関係性と、目には見えない関係性。自分の存在を認めてくれる何かがあれば、全然知らない場所でも居場所になるんじゃないかと思っています。

それからもう一つ、特にお年を召されてずっと人のお世話にならないといけない方の中には、「迷惑だから早く死にたい」と考える方もおられます。でもそんな方に、「迷惑のかからないようにしましょう」といった途端、「迷惑はいけない」というメッセージを送っていることになっちゃいますよね。私は、迷惑とは、支え合いと同じだと思うんです。私たちは生まれてきたとき、ある意味いろんな人に迷惑をかけますよね。ギャーギャー泣いて、おっぱいもらって、母親も父親も寝かせないで。誰一人、迷惑をかけないで生まれてきている人なんていません。「迷惑かけて申し訳ない」といわれたとき、相手にどういう態度を取るのか、そのときこそ私たちの価値観が問われます。個人の価値観が、社会の価値観をつくっているとすれば、私たちはそのとき、どんな価値観を持ってその人の目の前に立つのか。大切なのは、問われている自分の本質を見つめることなんじゃないかと思います。

第二回・死生懇話会は、「死生観の再構築」「死生観の空洞化」というところから、若い世代の持つ死生観がどういうものか、それは世代で違うのか、「居場所」あるいは「社会の在りよう」という話にも発展し、死に向かっていくのはみんな同じなのに、長生きは迷惑なのか？　社会的コストなのか？　ということへの投げかけもあったように感じた。

行政が開催する会議では、「何かご意見ありますか？」と問いかけても、ほとんど意見が出ないことが結構ある。あまり堂々といえる話ではないが、実はそういう場合に備え、私はいくつかコメントを仕込んでいた。

もし聴講者から何も意見が出なかったときには、このコメントを出してほしいと他の職員に頼んでいた。それが呼び水になることもあるからだ。しかし結果的には、そんなことをする必要は全くなかった。

時間中に取り上げきれないほどたくさんのコメントが次から次へと出てきた。進行役の上田さんは、心の中でうれしい悲鳴を上げていたに違いない。「死生」をテーマにみんなで時間を共有すると、誰かの話に誘われて、みんな、自分の中に潜んでいる思いがムクムクと湧き上がってくるようだった。

そりゃそうかもしれない。

だってみんな生きているし、いつかみんな死ぬんだから。

すみません、コメント仕込んだりして。「死生観」ナメてましたと、心の中でうれしい反省をした。

上田さんは、この壮大かつ根源的なテーマで、多様な方々から話を聞き出しながら、「まとめない対話」をつなげていた。こんなふうにやさしく包み込む雰囲気で進行ができるのは、もはや上田さんを置いてほかにはいないと確信していた。

そんな上田さんのやんわりとした進行に促されて知事がこう締めくくった。

「今日はたくさんの残しておきたいメッセージがありました。あとで一つひとつ咀嚼したいなと思っています。死生懇話会の在りようとして、三つ、見えてきました。

一つ目は、私たち一人ひとりにとって、死や、生きていることについて考える機会や、視点の広がりを持てたらいいなということ。二つ目は、『こうあるべき』とかではなくて、せっかく生きているんだから、そしていつか死ぬんだから、その死や生について考えるきっかけ、自分なりの物差しを持てたらいいなということ。

そしてもう一つは、『一緒に生きている』『共に生きている』で構成される社会にとって、社会の在りようとしてどうあればいいのかなというのを一緒に考えていけたらいいなということ。今の社会は比べすぎている、急ぎすぎている、忙しすぎる。せっかく生きているのにもったいないなという考えを持ちながら、お互いを認め合う、受け入れ合う、許容し合う、そんな寛容性をこの死生懇話会で持てたらいいなと思いました。今日もありがとうございました」

こうして、第二回・死生懇話会は無事に終了した。

広がる出会い

この仕事を担当するようになってから、新聞や雑誌、ネットなどで、「死生観」や

「死」に関わる記事に目がいくようになった。七月に、ある新聞の子育て情報欄に、親を突然亡くした子どものケアについての記事があり、「グリーフサポートあいちこどもの森」という団体のことが紹介されていた。代表の野々山尚志さんは、愛知県で小学校教諭として働きながら、子どもたちへのグリーフサポートの活動を続けているという。（※グリーフとは、喪失により心身に起こる様々な反応の意）

これまでの死生懇話会では、「死とは」「死生観とは」といった少し概念的な話をしてきたが、「死」にもいろいろな形があり、突然身近な人を亡くすといった、避けたかった死にも向き合わないといけないのではないかという意見も出ていた。

次回の懇話会では、そうした話を取り上げてみたいと考えていて、私はこの記事のことを思い出した。

そこで早速、次回のテーマを、『避けたかった死・突然の死への寄り添い』『次世代に何を伝えられるか』という視点で設定すること、「グリーフサポートあいちこどもの森」の野々山さんをゲストの第一候補とすることについて、知事に書面で協議をした。

知事から、その方向でＯＫ！　とコメントがあったため、この団体のホームページの問い合わせ先からメールを送った。メールには、死生懇話会という取り組みをしていることや、次回のゲストスピーカーをお願いしたいと思っていることなどを書き、滋賀県ホームページ内にある死生懇話会のページのURLを添付した。

しばらくして、野々山さんから返信があった。

「死生懇話会の動画の冒頭部分を見させていただきました。知事のご挨拶を聴き、思いが詰まった素晴らしい会であることを知りました。お声をかけていただきとてもうれしく、そして滋賀県に住まれている皆様のことをうらやましく思いました」

野々山さんは、次回のゲストスピーカーを引き受けてくださるとのことだった。

私たち社会人は、こうしたやりとりがあったとき、相手の活動について、そこまで強く感じていなくても、「素晴らしい取り組みですね」とか、「とても重要な活動だと思います」といったことを伝えるのが通常だと思う。でも相手の取り組みに対して、「とてもうれしく」であるとか、「住まれている皆様のことをうらやましく思いました」という表現は、本当にそう思ってもらえているのが伝わる表現だと思ったし、そうした言葉で伝えてくださった野々山さんに対して、なんてやさしい方だろうと思った。ゲストスピーカーとしてぜひお話を聞かせていただきたいという気持ちがますます強くなった。

野々山さんに限らず、死生懇話会に関わっていただいている方は、メールのやりとり一つにしても、通り一遍のビジネスライクなやりとりではなく、それぞれが今感じておられることや、私たち事務局へのあたたかい言葉など、「心」から出てくる言葉で表現して伝えていただいている気がする。

だから、実際にお会いしてお話を聞く回数はそれほど多くないが、それぞれの委員さんやゲストの方のキャラクターというかスタンスのようなものが、なんとなく想像できるような感覚がある。そのため、こちらからお送りするメールも、ついつい思いを伝えようと長文になりがちであり、お忙しい皆さんにはご迷惑かもなあと思うときもある。でもそういうことも、死生懇話会の取り組みの特徴のような気がしている。

とにかく野々山さんがＯＫをくださったので、次回の開催へ向けて具体的に動くことができる。早速、野々山さんとオンラインで打ち合わせをすることになった。

八月二日、まずは私たち事務局と、八月三〇日には進行役の上田さんを交えてオンラインで打ち合わせをした。野々山さんは、メールで感じた印象通り、とてもやさしく柔らかい雰囲気をお持ちで、また一方では、元気な学校の先生！　という感じもあった。

第三回目の死生懇話会は、二〇二一年九月一一日（土）に開催することになった。

あわせて懇話会の前に、第四回目の庁内ＷＧ会議を行うための準備もしていたが、またもやコロナが猛威をふるい出していたため、検討の結果、いずれも泣く泣く延期することにした。

「コロナ禍だからこそ、こういうテーマで話をすることは重要だ」と説明はしているものの、現実として、感染拡大時には会場に一般の方を入れることは難しいし、職員もコロナ対応に人員が割かれる。私も延期が決まってすぐに、コロナ患者の宿泊療養施設に半月ほど運営支援に行くことになり、企画調整課の職場をしばらく離れることになった。

二週間後、企画調整課に戻ってきてから、できることをまたぼちぼちやっていこうと、昨年度から続けている取材活動を開始した。どの方のインタビューにも心を動かされるし、知らなかったことを教えていただけるし、すべて印象に残っているが、特に強烈なインパクトがあった取材の一つに、「にゃんこおたすけ隊」がある。

「にゃんこおたすけ隊」は、滋賀県草津市を拠点とした、高校生が主催するボランティア団体。野良猫や捨て猫の保護および里親探しから、動物愛護の啓発・ＴＮＲ活動・保護猫の一時預かりなど、多様な活動に日々奮闘している。取材は、メンバーが通う高校に行って放課後に行うことになった。（※ＴＮＲ活動とは、野良猫を保護し不妊手術を行う活動）

代表の鎌田優花さんは、一言でいえば、とても強い雰囲気を持った高校生だった。とにかく信念が強い。話を聞くうちに、どうして高校生がこんな活動をすることができるんだろうという感心を通り越し、尊敬の念を抱くようになった。

「私たちのモットーは、学生だからできること、学生にしかできないこと、私たちだからできること、私たちにしかできないことを全力で、です。命に対して全力で取り組む姿勢を心がけて活動していますが、これまでに助けられなかった命もあり、無力感を感じたり歯がゆい思いもしてきました。命は、人間だけでなく動物も含めたすべての生き物に共通するかけがえのないもので、その大切さについて深く考えることの重要さを、活動を通して実感しています。猫を飼っている人は、必ずいつか経験する猫の見送りについて、最後まで猫を家族の一員として過ごしていただきたいです。その子はペットではなく家族の一員であるということ、その子のことを一番理解して、適正な環境を提供できるのは自分たちしかいないということを、しっかりと自覚した上で最後まで飼っていただきたいです。

この団体を立ち上げるとき、ほとんどの人に反対されましたが、高校生の可能性について、もっと知ってもらいたいという思いがあります。大人がやっても大変なことを、高校生が遊び半分でするもんじゃないなど厳しい声もありました。でも、高校生でもここまでできる、できないことの羅列ではなくできること探しから始めれば、小さくてもたくさんできることはあるんです」

鎌田さんのお話を聞きながら、本当に頭が下がる思いがした。大人の専門機関でも対応に苦労する多頭飼育崩壊現場でも、怖気づかずに飼い主のところへ行き、雑談をしながら関係をつくっていくそうだ。

「頑なな態度の方でも、私たちが高校生だからこそ、耳を傾けてくれるということがあるのかもしれません」

そう話す鎌田さんが眩しかった。

取材活動の中でもう一つ印象的だったのは、社会福祉法人・中央福祉会特別養護老人ホーム「三思園」の看護師長、高橋進一さんへのオンライン取材だ。デスカフェ研究者の吉川さんからのご紹介で取材させていただいたのだが、高橋さんはなんと青森県在住の方だった。「素晴らしいですよね、さすが滋賀県と思いました」と、高橋さんは死生懇話会のことをよく知ってくださっていた。滋賀県の県職員でさえ、死生懇話会を知らない人はまだまだたくさんいるのに、どうして青森まで知れ渡っているの？　と驚いた。

高橋さんをご紹介くださった吉川さんは、志學館大学の講師で、第一回・死生懇話会がネットニュースで取り上げられたとき、記事の中でコメントを書いてくれた方だ。「行政が取り組むことで、死を語るという行為がタブーではないという『お墨付き』が得られる。行政が議論する姿勢を示したこと自体が成果だ」とコメントしてくださった。吉川さんが研究しているデスカフェというのは、ポジティブかつカジュアルに「死」を語り合う場所のことで、日本各地で個人や団体が主催し、広がりつつある取り組みだった。

死生懇話会、おそるべし

コロナで延期していた四回目のWG会議を、一一月四日に行うことになった。

何も決めない会議とはいえ、毎回同じやり方をしているとマンネリになるし、発展性もない。参加してくれる職員には、少しでも有意義な時間だったと思ってもらいたいので、前々から、何か良いやり方がないかなと考えていた。

上田さんから、「回し読み新聞」という方法のグループワークを教えてもらった。参加者それぞれが新聞記事を持ち寄り、それを順番に紹介し、記事同士の関係性などを考えるもので、私は早速このアイデアを実践してみることにした。

今回も知事と上田さんに参加してもらえることになった。前にも書いたが、こういう類の会議に知事がフル参加することは異例中の異例だ。当初は全く想定していなかった。

知事は、この会議を楽しんでくれているように見えたので、もはや声をかけずに勝手に開催したら、「何で誘ってくれんかったん?」といわれそうな気がしていた。知事に出席してもらえるのはとてもありがたいし、ほかの出席職員も知事と直接話をすることなんて滅多にないので、そういう意味でも貴重な機会と思ってもらえているような気がする。

通常、知事に会議などに出席してもらいたい場合は、秘書課のちょっと偉い人を通して依頼しなければならない。知事に出席してもらうには、とにかく日程調整が大変で、知事が出席できる一時間とか一時間半の時間を見つけるのは至難の業に近い。スケジュール調整担当のちょっと偉い職員も日々苦労しながら日程を組んでいるので、ああ、また悩みを深くさせてしまうなぁ、と思いながらもお願いしに行き、調整してもらった。

「回し読み新聞」を行った今回の会議では、それぞれが持ち寄った「死生」をテーマにした新聞やネットの記事を紹介し合った。それぞれの視点が違っていてとても面白く、死生観というのは広がりのあるテーマだなと改めて思った。死生観、おそるべし。

第三回・死生懇話会

当初九月に予定していた第三回・死生懇話会を、一一月二一日（日）に開催した。

冒頭、ゲストの野々山さんより、『身近な人をなくした子どもとそのご家族へ～自分らしく生きていくために～』というテーマで話をしていただいた。

突然、自死などで家族を亡くした場合の子どものグリーフにどう寄り添うか、野々山さんが大事にしている四つのことを挙げられた。

一つ目は、グリーフから回復する力は誰もが持っていると信じて関わること。二つ目は、グリーフは他人が代わることはできないけれど、サポートすることはできるということ。三つ目は、子どもと一緒に考えること、同じ景色を見せてもらうという姿勢で関わること。四つ目は、保護者（家族）が自分らしく生きられるようになることが、子どもの安心感につながるということ。以下、野々山さんの話を簡単にご紹介したい。

【野々山さんのお話より】

普段から、「助けて」とか「わからない」とか「困っている」とか、正直な気持ちをいえる場をつくっていくことが重要なのではないかなと思っています。私はよく子どもたちに、「本当の強さ」とはどういうことかを、アンパンマンを例にして伝えています。

まず子どもたちに、強い人ってどんな人？　と聞くと、力持ち、足の速い人、勉強のできる人、友だちの多い人、何でも一人でできちゃう人かな、などと答えます。そこで私は、アンパンマンのような人になってほしいなといいます。

アンパンマンは強いけど、水に濡れると力が出なくなっちゃう。そんなときアンパンマンは、「みんな、助けて」って友だちに助けを求めます。すると、友だちのカレーパンマンやしょくぱんまんが助けに来てくれます。私は子どもたちに、「解決できないことがあったら、助けてといえる人になってね」と伝えたいんです。助けてといえることが、本当の強さだと思うんです。

それから人は何気なく、「家族は何人？　兄弟は何人？」と聞いてしまいますが、家族を亡くした子どもたちは、亡くなった人を含めていいのか戸惑ってしまいます。

夏休み前の全校集会などで、生徒指導の先生が「親より先に死んではいけない」といったとき、おじいちゃんとおばあちゃんより先に死んでしまったお父さんって悪いことをしたのかなと、不安になる子どももいます。先生は、交通事故に注意してねという趣旨で話されたことなんですが、傷ついてしまうことがある。また、「強く生きていってね」とか「いつまでも泣いていたらダメだよ」と励ますことがありますが、泣いちゃう自分はダメな人間なんだ、悲しんでいちゃダメなんだと自分を否定することにつながってしまうんです。まずは「今、悲しんでいるんだね」などと、自分の解釈・ジャッジを加えずに、その気持ちを「ありのまま」受け止めることが大事なんです。

野々山さんの、子どもたちの悲しみにどう向き合っているのかというお話をきっかけに、各委員さんからの意見交換に移った。今回も聴講者の方からのコメントをリアルに受け付け、それを取り上げながら展開していった。

懇話会終了後のアンケートには、「突然の命のバトンタッチをどう受け止めればいいのか考え続けたいと思います」「死に直面したとき、十分悲しむことが許されること、それが一番の思いやりだと感じました」「家に帰ったら、息子を抱きしめたいと思います」など、たくさんの感想が寄せられた。

そして懇話会の翌日、いつもは人に取材をさせてもらっている私たちが、逆に取材を受けることになった。ある終活専門の季刊誌上で死生懇話会の取り組みを紹介したいので、取材をさせてほしいと依頼があったのだ。

取材してくれたジャーナリストは関東の方だったので、「よく滋賀県の死生懇話会のことなんて知ってくださってましたね」というと、「この領域で知らない人はいないですよ」とおっしゃった。

「この領域」がどの領域なのかはわからなかったが、どうやらこの取り組みは、知る人ぞ知る存在らしい。死生懇話会、おそるべし。

スピンオフ企画

翌月の一二月には、なんと私が大学で講義をすることになった。

進行役の上田さんが担当している滋賀県立大学のカリキュラムの中に、様々な地域づくりの活動をしている人を講師に招いて話を聞く「地域づくり人材論」という授業があり、私はそこへ呼ばれてしまったのだ。

『死生観を問い直す～人々のウェルビーイングと行政の役割～』という、なんとも壮大というか大層な講義タイトルで、大学生の前で話をすることになった。私なんかの話でいいのかと思ったが、死生懇話会とは何か、どのように進めてきたか、どんな意義があるのかなど、職員アンケートの結果を含め、懇話会の動画を一部視聴してもらいながら、九〇分間の講義をした。

おそらく、県庁に行政職（事務職）で就職しようとするとき、大学の教壇で講義をする仕事があるなどと想像している人はいないだろう。県庁には想像以上に幅広い仕事があるが、幅の広さにも程があると思った。いつの日か、「死生観の仕事がしたいです！」といって、滋賀県庁の採用試験を受ける人が出てきたら面白いなあと妄想した。

講義についてはアンケートをとっていないので、学生さんたちがどんな感想を持たれたかわからないが、「県庁っていろんなことするところやな」とは思ってくれたかもしれない。

今年度、私には、死生懇話会の開催とは別にやりたいことがあった。

それは、スピンオフ企画。

懇話会は、忙しい委員さんたちと知事の日程を合わせる必要があるし、予算の関係もあって、それほど何回も開催できるわけではない。そこで本チャンの懇話会以外に、少し切り口を変えた関連企画として、また違った層の方たちに視聴したり参加したりしてもらえるものとして何かできないかなと思っていた。WGメンバーたちが出してくれるアイデアもなかなか形にできていなかったので、それを一つずつ形にできないかなと考えていた。検討し、調整した結果、二つの関連企画が開催できそうだった。

①『漫画で語ろう死生観』オンライントークイベント

②滋賀県立美術館×死生懇話会『美術作品から見る死生観』トークイベント

漫画や美術と死生観を組み合わせるというアイデアを出してくれたのは、応募職員の安藤さんだ。安藤さんは漫画がめちゃくちゃ好きだし、県庁で文化芸術の仕事にも携わっている。いずれも一月に開催の方向で準備をした。

漫画のイベントには、京都精華大学マンガ学部教授の吉村和真さんにゲストとして参加してもらい、漫画好きの参加者とオンライントークをするという企画だった。トークに参加したい人と、トークには参加しないが視聴する人の両方を募集する形式にした。

みんなが見ている中で、漫画の専門家と一緒にトークをしてやろう！　というツワモノが現れるか心配していたが、三人のツワモノが現れてくれた。そしてそこに漫画大好きの安藤さんも加わることになった。約一三〇人の視聴申し込みがあった。

マンガ学部の教授である吉村さんは、もちろんあらゆる漫画に精通されているが、特に手塚治虫さんを深く研究されていて、手塚作品に見られる死生観を中心に、話題提供をしてくださることになった。

開催に先立ち、ご挨拶と打ち合わせのため京都精華大学に伺ったのだが、その際にも手塚漫画の話をはじめ、様々な作品に見られる死生観について話をしてくださって、それがかなり面白くて、いつまでも話を聞いていたい気持ちになった。

私が、「死生観のことをなんで行政でやるの？　という声もあるんですが」というと、「え？　なんで？　そういうことこそ行政がやることじゃないの？」と、吉村さんはごく自然におっしゃった。私たちは「え？」となった。

県民の方々から、こんなこと行政ですることかと怒られるのではないかと心配していた私たちのほうが、もしかして頭が堅いのかも？　と目から鱗の気持ちになった。

二〇二二年一月一四日（金）、吉村さんと漫画好き四人による、『漫画で語ろう死生観』

オンライントークイベントが無事に開催された。

手塚作品における死生観の話のあと、参加者四人がそれぞれに、死生観を感じる、あるいは自分の死生観に影響を与えた漫画を紹介し、なぜそう思うのかを語った。随所で、吉村さんが専門家としての意見をいってくださるので、とても楽しいイベントだった。

ただ、すべての参加者が漫画好きなので、ついつい語りが深み（ある意味マニアック）に入っていきそうになり、進行役だった私は、もともとのテーマである「死生観と漫画」の話に引き戻そうと必死だった。とにもかくにもトークは面白く、視聴者の方からもおおむね好評で、こういう切り口もあっていいなあと思えたイベントだった。


「美術作品から見る死生観」トークイベントは、一月三〇日（日）に開催予定だった。

滋賀県立美術館が、半年前にリニューアルオープンしていたので、そのＰＲも兼ね、県立美術館のホールで行うことにしていた。館長でありディレクターの保坂健二朗さんから、美術作品に見られる死生観について、作品を紹介しながらトークをしてもらい、その後、知事や委員の打本さん、進行役の上田さんに意見交換をしてもらう企画だった。日曜日に開催することで、聴講する方に県立美術館に来てもらい、併せて企画展示も鑑賞してもらえたらと思っていた。

しかし、このころ、またまたコロナが猛威をふるっていた。漫画のほうはオンラインイベントなので大丈夫だったが、この企画は美術館へ来てもらわないと意味がない。もうすでに広報していて、定員を超える申し込みがあったが、感染拡大防止のため泣く泣く延期することにした。

コロナ禍においては、何かを企画しては、開催できるか常にハラハラし、せっかく調整しても延期したり中止したりの繰り返しで、いっそ何もしないほうがいいのではないかと心が折れそうになることがあった。

世の中の誰もが、少しずつ様子を見ながら、おそるおそるイベント参加や旅行の計画を立て、気を揉み、直前になって中止や延期といった事態に出くわしていた時期なんだろうと思う。久しぶりの楽しみな計画直前に、中止になって涙をのむことが多くあったと思う。特に子どもたちの気持ちを想像するだけでかわいそうだった。コロナ禍は、ある種のあきらめを学ぶ機会になった面もあるかもしれないが、やっぱりコロナが奪ったものは大きかったんだろうなあと思う。

そんなコロナ禍、ある経営者さんが開催しているオンラインサロンに、知事にゲストとして参加してもらう企画を実施した。そのサロンで、知事から「死生懇話会」の紹介をしてもらったのだ。これは、応募職員の遠藤さんの持ち込み企画だった。

死生懇話会の取り組みに決まりはない。公序良俗に反するようなことはもちろんダメだし、公費を使って、あるいは公務員の仕事としてやる以上、ちゃんと説明がつくものでないといけないが、こういうこともできるのでは？　と思いついたことは何をしてもいい。私たちはこのころ、「死生」に絡まないことなんて世の中にほとんどないんだということに気がついていた。

自由なだけに難しい面はあったが、「これこれの理由からできないんじゃないか」という思考から始まりがちな役所の仕事の中では、とても珍しい仕事だと思う。アイデアが出るたび、「それもいいなあ、そういうのもありかも」から始まる。その中で実際に実現できるものは少ししかないが、アイデアはどんどん蓄積されていく。

知事からも、ぽんぽんとアイデアが飛んでくる。美術、文学、戦争、子どもを亡くした人、動物の命、自然、生と生殖などなど、全部を覚えていられないぐらい、なんでも死生懇話会とつながるのではないかと投げかけられる。

知事からの投げかけを至って真摯に受け止めつつも、体が一つしかない私は「すみません」と心でことわりながらスルーし、じゃんじゃん取りこぼしていた。世が世なら切腹ものかもしれない。

人事異動

三月一五日、今年度最後のＷＧ会議を開催することにした。一年間の取り組みを報告し、その後、前回盛り上がった「回し読み新聞」ふうのグループワークを行うことにした。

事前に課長に次のＷＧ会議の説明をしていると、課長が「ぼく、死生懇話会、苦手なんですよね……」とポツリといった。このときの企画調整課の田中課長は、総務省の職員で、滋賀県に出向してきているまだ二〇代の課長だった。

「ＷＧ会議とかに出ていると、自分の考えの浅さが露呈するような気がするんですよ。同年代でも、遠藤さんのようにめちゃくちゃ深く人生について考えてる人がいて、なんか恥ずかしくなるんですよね」

田中課長はそういったが、実際にはそんなことは全くなく、「死生懇話会」の趣旨をとても理解してくれていたし、議会への説明のときなんかも、課長として前面に立ってくれていた。いわゆる中央省庁の官僚と呼ばれる人だが、この仕事に限らず、何でもスマートにこなす方だなと思っていたので、そんなことを感じていたとは少し意外だった。そう思うと「死生懇話会」は、知事だとか、学者だとか、官僚だとかに関係なく、人間の部分がむき出しになるものなのかもしれない。そして、見栄を張らずに「苦手なんですよね」と正直にいえるところに、人柄の柔軟さを感じたりもしていた。

WG会議は、これまで固定メンバーの職員で開催していたが、今回は他の職員も参加できるスタイルにしてもいいなと思い、庁内システムの掲示板で、誰でも参加できますと呼びかけていた。

年度末の忙しい時期だし、まあ誰もいないかなと思っていたが、一人、申し込んでくれた職員がいた。それがのちに応募職員として仲間入りする、彦根子ども家庭相談センター所長の岩田さんだった。岩田さんは、この会議の日、コロナワクチン接種のために休みをとることになっていて、時間があるのでちょっとのぞいてみようかなという気持ちで参加してくれたようだった。

通算五回目のWG会議も無事に終わり、二〇二一年度の死生懇話会の取り組みが終了した。来年度の予算も、今年度と同程度につけてもらうことができた。来年度はどんな体制でどんなことをするのか、やっぱり走りながら考えるんだろうか。

死生懇話会の取り組みをやっていくにあたり、私が大事にしていることは、正直であること、直感を信じること、感謝すること。大事にしようと決めてやっていたわけではないが、結果的にそうなったように思う。

私には、死生観について学術的な知識も特定の宗教もなかった。おそらく人並み以上の関心もない。ただ、わからないくせにわかっているかのように取り繕うことはせず、とにかく下手な言葉でもいいから正直に思いを伝え、関わってくれる人たちに教えてもらいながら進めていこうと思っていた。

学術的な知識がないなら、信じるのは直感しかないのだ。

四十数年間生きてきた経験だけを頼りに、この人ならきっとこちらの思いに共感してもらえるに違いない、話を聞かせてくれるに違いない、このテーマならうまくつなげられるのではないか、といった直感を信じて進めてきた。

今この仕事をしている私が、今この情報に出会ったということは、何か意味があるに違いないという運命的な感触というか、アンテナに引っかかるような感覚を頼りにしてきた。出口も考えず、何がしたいのかはっきりと説明もできないようなこの取り組み（と私）に、あたたかく関わってくれた皆さんには感謝しかなかった。

三月下旬、人事異動内示の日がやってきた。

企画調整課企画第二係に、環境政策課から山田主事が異動してくることになった。

山田くんは二〇代の若手職員。私には内示は出なかったが、来年度は山田くんが死生懇話会の主担当、私は副担当に回ることになり、私のメインの仕事は他の業務になった。

山田くんは、仕事をバリバリこなす職員だと聞いていた。突然、「死生懇話会」を担当しろといわれ、山田くんはどう思うだろうか？

う〜ん。私は心配になった。ちょっとゆるいぐらいの人のほうがいいのかもと思った。

でも、こういう他にはない仕事を楽しんでくれるといいなあとも思った。

二年前、私がこの課へ異動してきたとき、「死生懇話会」は二年間の取り組み計画と想定されていた。だから誰かに引き継ぐことはないだろうと思っていたし、引き継ぎのための資料もちゃんとつくっていなかった。データも、他の人が見てわかるように整理できていない。

とりあえずはその辺りを整えて、少しはマシにしておこう、幸い同じ係に残っているんだし、ぼちぼちと引き継いでいけばいいかと考えていた。

余談であるが、役所には毎年、監査というものがある。

昨年度の事業が会計的に適正に、かつ効果的・効率的に行われているかをチェックして、改善すべき点があるなら指摘するというものだ。昨年度の会計書類などを含め、一切合切の書類を出してチェックされる。

監査当日、私は監査担当の職員から呼ばれた。担当職員は、死生懇話会の関係書類をチェックしていたようだが、どういう取り組みかがちょっとわからないので、説明に来てほしいということだった。

私は、監査をしている部屋に行って、死生懇話会についてしゃべりまくった。この取り組みは効果が数字的に表れるものではないし、費用対効果なんか説明できない。いろいろ指摘されるんやろなあと思いながらも、どういう思いでどういうことをしているか、ひたすら正直に説明した。

「すごくいいと思います。こういうこと大事だと思います。がんばってください」

監査担当の職員がそういってくれたので、逆にひどく驚いてしまった。何かが伝わったのだろうか。細かい規則やルールがいろいろあるが、結局は人と人とが仕事をしているんだから、そこには心が存在するんだと思った。

う〜ん、やっぱり、死生観、おそるべし！

山田くん

四月になって早々に、コロナ対応の応援職員を係から一人出すようにと要請があった。感染症対策課に二週間ほど応援を出してほしいという。異動してきたばかりの山田くんにお願いしたところ快諾してくれたので、申し訳ないが行ってもらうことになった。

山田くんの帰りを待ちながら、四月前半でやっておかないといけない事務手続き的なこと（要綱改正とか、受託事業者を決める公募の手続きなど）を進めていた。

四月後半、感染症対策課から戻ってきた山田くんに、死生懇話会のことを少しずつ伝えた。山田くんは、死生懇話会のことは知っていたようだが、まさか自分がその担当をするとは思っていなくて、三月末に聞いたときには驚いたといっていたが、そんなに悲壮感は漂っていなかった。

いったい何をするのだろうという疑問はあったかもしれないが、死生懇話会も含め、企画調整課で担当することになった新しい仕事に前向きに取り組んでくれそうな感じがして、山田くんが来てくれて良かったと思った。引き継ぎがてらに、私がふわふわした説明をしても、それなりに楽しそうに聞いてくれている気がした。

とはいえ、なんでこんなことを県でやってるんかな、何していったらいいんかな、という思いは当然あったと思う。

あくまで私の印象ではあるが、そういう山田くんの迷いが消えて気合いが入ったターニングポイントは、六月八日の知事協議だったように思う。

山田くんは、主事という、県庁では一番最初の役職で、そんな若手職員が知事と直接話す機会なんてまずない。ただ、山田くんの本来の性格がそうなのか、それとも昨年度まで部長秘書業務を担当していたから偉い人と話すのに慣れていたのか、とても堂々としている職員だった。

それでも山田くんは、知事協議で自分が知事と話すことはまずないだろうと思っていたと思う。通常、知事協議のときには説明は課長がするし、そうでなければ係長クラスの人間が説明をする。しかし説明は山田くんにしてもらうことになった。かなり異例のことだった。

山田くんは説明を終えたあと、いきなり知事から聞かれていた。

「山田さん、今いくつ？」

「山田さんは何歳まで生きる？」

山田くんは不意打ちを受けたと思うが、果敢に答えていた。

そのあとも知事は、死生懇話会の取り組みに対する思いなども含め、山田くんに向かっていろいろと話をした。このときの協議で、知事が本当に強い思いを持って死生懇話会に取り組んでいるということが、山田くんに伝わったんじゃないかと思う。

若手職員にとって、知事が思い入れを持っている仕事を託されるなんてことはなかなかあることではない。もちろん担当する仕事なので、ちゃんとしようと頭では思っていただろうが、このとき山田くんの中で、「やってみよう」と、心と頭がつながったような印象を受けた。人は気持ちで動く。これはどんなときでも忘れてはいけないことなんだろうと思う。

このあと、山田くんはどんどん積極的に死生懇話会に取り組んでいくようになる。途中からはすごく楽しんでいるようにさえ見えた。

あまりにとりとめのない壮大なテーマであるがゆえに、何をしようか悩むこともあったと思うが、そんなときは、私や係の他の職員に意見を聞いたり、受託事業者のスタッフさんに相談をしながら、悲壮感もなく取り組んでいるように見えた。

三年目の年、私は担当している他の仕事に思いのほか手を取られ、山田くんをあまり手伝うことができなかった。心苦しく思っていたが、気がつけば山田くんはサクサクと仕事を進めていて、私は、それいいやん！　と、山田くんに「いいね」する役を務めておけば十分なくらいだった。

三年目

（令和四年度）

バトンタッチ

シセイコンワカイ？

二〇二二年三月、僕は琵琶湖環境部環境政策課で、琵琶湖環境部長の秘書業務の担当者として働いていた。採用五年目を終えるころだった。

二年間、部長秘書業務に加え、県議会の答弁調整や、市町・団体からの要望対応、叙勲・褒章、知事表彰などの栄典に係る事務などを担当していた。部長が交代するときは、秘書業務の担当者も交代することが多く、部長がこの三月で定年退職を迎えることから、秘書担当の僕は、何かしらの異動があることは想定していた。

違う課に異動なのか、それとも課内で違う仕事を担当することになるのか、人事異動内示まで自分なりに予想をしながら日々を過ごしていた。県庁では毎年一一月から一二月にかけて、課長に異動希望を伝える面談がある。その際に僕は、若手のうちに庁内のいろいろな所属と関わることができる所属で経験を積みたいと伝えていた。

例えば、庁内の働き方改革や業務改善を担当している行政経営推進課、県庁職員の研修全般を企画・運営する政策研修センター（人事課）などに関心がありますと、当時の課長に相談していた。

課長からは、秘書担当として部内の様々な情報に触れてきた経験を活かし、今の課の企画担当としてあと一年やってみないかという趣旨のコメントをいただいた。課長的には残留方針なんだなと感じたので、残留の可能性のほうが高いかなと思っていた。

しかし、人事異動内示の日、異動者一覧の中に僕の名前があった。

山田遼、企画調整課に異動。

僕としては他所属に異動したいなと思っていたので、悪い気はしなかったし、企画調整課というのも、経験してみたい所属の一つだったので特に不満はなかった。

企画調整課には、僕がよく知っている先輩がいたので、企画調整課で何を担当するのかを聞きにいった。「まだわからんが、国要望か総合戦略あたりじゃないかな」と答えてくれた。それを聞いて少し安心した。僕の想定内だった。大変な仕事であることはわかっていたが、この二年間、秘書担当として様々な調整を行ってきた自分にとっては、そんなにビビるものではなかった。とりあえず安心したので、また正式に決まったら教えてくださいといって自席に戻った。

異動内示から一週間くらい経ったころ、先輩が僕のところへやってきた。

「山田くんは企画第二係に配属で、基本構想の進行管理とシセイコンワカイを担当するみたい」

それを聞いた僕は、シセイコンワカイって、あの「死生懇話会」ですかと聞き返していた。先輩は、「そう、がんばって」と答えた。僕は「ガチ？　ほんまに？」みたいな表情をしていたと思う。先輩はそれを感じ取ったのか笑っていた。

「死生懇話会」の存在は知っていた。というのも、僕が秘書担当となって一年目の令和二年度、琵琶湖環境部次長に就任された中田次長は、その前年は企画調整課長だった。「死生懇話会」が出来上がる前、「死」「生」に関する知事との勉強会に担当課長として出席されていて、企画調整課が「死生懇話会」なるものをつくり始めていることを次長から聞いていた。

それを聞きながら僕は、なんで行政が「死」「生」について考える懇話会をつくんねん。そんなん知事の政治的パフォーマンスやろ、というような印象を持っていた。はじめてシセイコンワカイという名称を聞いたときには、なんで県やのに「市政」懇話会やねんと思ったくらいだ。

また同じく二〇二〇年の秋ごろ、企画調整課から「死」「生」に関するアンケートが実施されたことも覚えている。そのとき、「こういうアンケートを企画調整課がしてるみたいです。企画調整課は暇なんですかね」と、冗談を交えて部長の笑いをとったことも思い出していた。「死生懇話会」のことを完全に否定的に見ていた僕が、まさか「死生懇話会」の担当になるとは夢にも思っていなかったので、だんだんと異動が嫌になってきた。

森さん

いよいよ新年度がスタートした。企画第二係の体制としては、小嶋係長の後任である恩地係長、森さん、川尻さん、上坂くん、そこに僕を足して五人体制だった。実は僕は、森さん以外は全員知っていた（といってもこっちが一方的に知っていただけかもしれないが）。

僕が唯一知らない森さんが、肝心の「死生懇話会」の前任者だったので、森さんから引き継ぎを受けることに少し不安を感じていた。何せ僕が否定的に見ていた「死生懇話会」を二年間も担当しているのだから、変な人だと思い込んでいたのだ。

当時は、依然として新型コロナウイルス感染症が蔓延している最中だったので、新年度早々、引き継ぎを受ける間もなく、僕はコロナ対応を担当する感染症対策課に応援に出ることとなった。その際、森さんから、これまでの死生懇話会の経過をまとめた資料と、これまでに開催した三回分の議事録を渡され、「ざっと読んどいてください。応援から帰ってきたら説明しますね」といわれた。僕は死生懇話会への否定的な思いを悟られないよう苦手な作り笑いをしながら、「ありがとうございます」といって、感染症対策課への応援に旅立った。

感染症対策課では、自宅療養者への食糧配達の仕事を任された。といっても、自宅療養者のお宅へ実際にトラックを運転して配達するのではなく、食料品の手配と、配達業者にお願いする配達先リストの作成、自宅療養者からの食料配達依頼への回答などを行っていた。

やるべきことが多く、死生懇話会のことを思い出すことなく日中を過ごし、家に帰ってから思い出すという生活が二週間ほど続いた。森さんからもらった資料は昼休みの時間に少しずつ読んでいた。

企画調整課に戻ってから、森さんからの引き継ぎを受けた。

死生懇話会委員のプロフィールや特徴、これまでどういった企画をしてきたのか、庁内WGを設置して会議やヒアリングをしていることなど、一通り説明を受けた。

森さんのことを変な人だと思い込んでいたが、その思い込みは全くの見当違いだった。

当たり前のことだが、森さんが「死生懇話会」を始めたのではなく、知事が始めようといったのだ。森さんは職員として持てる力を最大限活かし、それを見事に具現化していたのだ。

死生懇話会の内容はともかく、こんな前例のない取り組みをゼロから立ち上げた森さんが、どれほど優秀な人かは容易に想像できた。資料をもらって二年以上経った今も、僕はその資料を一番手に取りやすい場所に保管している。森さんがつくった資料は、僕にとってのバイブルとなったのだ。

一番驚いたのは、森さんの説明や資料の中に出てくる「知事」という言葉の多さだった。僕の経験則では、県庁における様々なことは、だいたい課長が判断することが多い。ちょっと重いものであれば、部長へ説明して判断を仰ぐといった感じだ。なのに森さんは、部長どころか知事に直接説明し、意見を聞き、それを具現化する作業を二年間やってきたのだ。これからは僕がそれをやることになる。

――ムリムリ、勘弁してくれ。

僕は内心そう思っていた。表面上は平然と作り笑いをしていたが、森さんには僕の本当の思いが伝わっていたかもしれない。

森さんからの引き継ぎで、「事務」としての死生懇話会のことはよくわかった。

何かイベントを行う際に、チラシやSNSで広報を行い、出席依頼文を発出し、出席者への謝礼金を支払ったり、会場の利用申請を出したり、どういう準備が、どの時期に必要なのかということは、森さんからの説明と過去のファイルや書類を見るうちに把握することができた。

しかし、過去の死生懇話会の議事録や、アーカイブ動画を片っ端から視聴してみたものの、「なぜこれを行政がやるのか。なぜこれに公費の予算をとるのか」という根本的な疑問には、自分なりの答えを出せずにいた。

一方で、死生懇話会の動画を視聴しながら、一人の人間として、「死」「生」を真剣に考えて語ることは、有意義で大切なことだと感じていた。こんなふうに、山田遼という人格では納得できるのに、県庁職員であるという自覚が乗ってくると、捉え方が変わってくる。僕は、このギャップにこれからしばらく悩んでいくことになる。

やるしかない

悩んでいても、やらないといけないことはたくさんあるので、毎年行っているWGメンバーの募集を行う準備をした。

ＷＧメンバーの募集には二パターンある。企画調整課が「死」「生」に特に関係があると想定する県庁内の所属（自殺対策を担当する障害福祉課や在宅医療を担当する医療福祉推進課など）に、参加する職員を推薦してもらう所属推薦パターンと、所属に関係なく個人としてこの取り組みに興味を持ってくれる職員に手を挙げてもらう庁内応募パターン。

森さんから引き継ぎを受けた時点で、ＷＧの応募職員は四名いて、まずそのことに驚いた。県庁内には、部局横断型のワーキングチームのようなものはいくつかあって、中には応募職員を募っているものもあるが、一つのワーキングチームに四人も応募職員がいるものなど聞いたことがなかった。

通常、何か新たな条例や計画を制定するというゴールが決まっていて、ワーキングチームは、そのゴールに向かってアイデアを出し合うという趣旨で設けられることがほとんどだ。そういった場合には、自分のアイデアが何か形に残るというモチベーションで手を挙げる職員がいるのだろうと想像できる。

だが、このＷＧはそうではない。何もゴールがない。そもそもゴールをあえてつくっていない。なので、このＷＧに手を挙げる職員がいることに本当に驚き、それと同時に、個性的な人たちの集まりなのだろうと思っていた。

そんなふうに思いながら、庁内システムの掲示板に、ＷＧメンバー募集のお知らせを掲載した。しばらくすると、大津・高島子ども家庭相談センターの岩田さんから応募調書が届いた。

岩田さんの所属は、いわゆる児相といわれるところで、非常に忙しく、負担の重い所属だ。ただでさえ忙しいにもかかわらず、本務の合間を縫ってこのWGに参加したいと思っていることに驚いた。

調書を見てみると、悪ふざけではなくて、参加したい熱意が感じられた。参加希望の理由には、「近しい人たちの死をどのように受け止めるのか、また自分自身の死への恐怖心とどう向き合うか考えたことで、今まで避けてきた死を直視しようとの思いになり、WGに参加し、自分の中に生まれたこれらの思いを深め、整理できればと思いました」と書かれていた。僕は、自分の思い込みが間違っているかもしれないと思い始めていた。

上司へ稟議したのち、正式にWGに参加してもらうことが決定した。これでWGの応募職員は五名となった。いったい「死生懇話会」のどこに、これだけの人を惹きつける魅力があるのだろうか。担当する僕自身が迷子の中、新年度の体制が確定した。

県庁のマインド

そうこうしているうちに、知事と今年度の方針を協議する場を設けることとなった。

県庁内のほとんどの業務は、知事に直接相談することなく進んでいくことが多い。それは当然のことで、知事は一人しかいないし、時間も限られている。なんでもかんでも知事に相談することは現実的に不可能なのだ。

そこで、知事から決裁権を与えられている部長なり課長なりが決裁をし、業務が進んでいく。役所に限らず他の企業でもそうだろう。しかし「死生懇話会」は、知事の肝煎りだ。知事の考えやイメージを確かめずに、事務方が方針を決めることは無理ともいえる。

そのため、森さんから担当を引き継いだ僕の自己紹介も兼ねて、知事と対面協議をする場をセットすることになった。自分の中では葛藤がありながらも、協議用の資料を丁寧につくった。知事協議の前に、越後課長（田中課長の後任）や東部長と資料についての協議を重ねた。僕からしたら、部長や課長は、長年のキャリアをもとに普段の協議で、瞬時に改善点や助言を導き出すスーパーコンピュータのような存在だ。だが、この協議では「死」「生」という答えのないテーマだからか、「壮大やな」「難しいな」という言葉が口々に飛び交い、僕と一緒に同じ目線で悩んでくださったように感じた。そして、部長は

「せっかくの機会なので知事の思いをしっかり聞いてきてください」といって知事協議に送り出してくれた。

当日、知事室の控室で、恩地係長、森さん、僕の三人は、知事の時間が空くのを待っていた。恩地係長は突然、僕を見ていった。

「せっかくやし、山田さんから説明しよか」

「うん。それがいいですね」と森さんもいった。

僕はひっくり返るかと思った。

本来、知事協議では上席の課長から、最低でも担当係長から説明するのが一般的だ。今回は課長が他の公務で同席できなかったので、同席者の中では恩地係長が上席になる。確かに資料は僕がつくったが、それを説明するのは恩地係長だと思い込んでいた。

「わかりました」

自分を大きく見せたいきらいのある僕は、内心ドキドキしながら覚悟を決めた。

知事室の扉が開き、知事と対面した。この距離で知事を見るのは入庁式以来かもしれない。知事はすごくにこやかな表情をしていた。

「今年から担当させていただく山田と申します。よろしくお願いします」

「そうですか。よろしく。森さんにいろいろと聞いて、しっかり進めてください」

僕はドキドキしながら、自分でつくった資料に基づき、今年度の運営方針を一〇分程度説明した。緊張しすぎて、知事の表情を見ることはできなかったが、「うんうん」と相槌を打つ声が聞こえていたので、納得してくれているんだろうなと感じていた。一通りの説明が終わると、知事がいった。

「山田さんいくつや？」

「は、はい、二八歳です」

「何歳まで生きるん？」

知事からの問いに、僕はまたひっくり返りそうになった。そんなこと想像できるわけがなかった。でも気づいたら、パッと頭に浮かんだ数字を口走っていた。

「一〇〇歳まで生きると思います」

あとから振り返ると、そうか、僕は長生きしたいんやと思ったけれど、そのときは驚きのほうが先に立ち、そんなことを考える余裕はなかった。

「そうか、じゃあ、あと七二年。七二年後がどうなっているか考えられるといいな」

知事は、僕の返答になんの疑問も持たず、真剣な顔でいった。

県庁の中で、こんな会話をしたことがなかった。これまでの経験上、課長や部長から問われるのは、事業に係る経費の根拠や必要性、またはその進め方の詳細など、役所の上司と部下としてやりとりを行ってきた。だが、知事から向けられた言葉は、企画調整課の山田に対してというより、若年男性の山田遼に対してのものだった。すごく新鮮だった。

知事は、本当に、人の「死」「生」を真剣に考えているんだなと、このときの表情と声色で感じ取った。パフォーマンスじゃない。

「死生懇話会はどこに行ったらええんやろうっていうのが結構な悩みでな。ずーっと、あんな人いるね、こんな人いるね、こんな考え方あるね、こんな仕事あるねって話してても仕方がない。どっかでスピンオフっていうか、この死生懇話会で議論してこんな勉強始めました、滋賀県ではこんなこと考え始めてますみたいなことがあるといいよね。それが今の山田さんの説明の中にあるかな」

そんなものあるわけがなかった。だって死生懇話会を行政がやることに納得し切れていなかったのだから。

知事が聞いているのは運営の詳細な手法じゃなく、「君はどう思ってるんや？　どうしたいんや？」というド直球ストレートだと感じた。

――困った。どうしよう。

僕はそんなストレート勝負へのバットの振り方を習ってきていない。これまで培ってきた上席への説明テクニックは音を立てて崩れ去った。何か返さないといけないと思い、頭をぐるぐる回転させて言葉をひねり出した。

「えっと、確かに、取材に行ったり、企画してそれを発信してっていうので終わってしまってるというのは、おっしゃる通りでありまして、すいません、答えが全然ありません」

——やってしまった……。

あろうことか、知事の前で答えがないですといってしまった。はじめての知事協議でなんという情けないことか。

「いや、答えなんかないんや。だから、それをちょっと、例えば次のワーキングとかイベントまでの間に、ぼくらで少し考えませんか」

——え？　答えはないんかーい！

僕は心の底からそう思った。知事の肝煎りで始まった取り組みの答えを、知事自身が持っていない。そんなん僕に答えがわかるわけない。何か吹っ切れたような気がした。

——よし、答えを探す旅に出よう！

知事室で、僕が「死」「生」という広大な宇宙へ旅立った瞬間だった。

「山田さんは、まだWGに出たことないからわからんかもしれんけど、およそ県庁の協議とか議論の場じゃない雰囲気があるところやと思う。立場じゃなくて、年齢じゃなくて、素になれるというか。例えば、この前家族が亡くなりましてとか、ペットが亡くなりましてとか、え、そうなの？　みたいな人生相談的な場にもなる。職場でも話せへんことを、ここでは話せるみたいな。だからそういう小っちゃい効果かもしれへんけど、それがやがてどこかで、小っちゃくない効果になり得るようなものもあるのかなと思う。

ただ、森さんはずっと中心でやってきてくれたから、知らん人からは、森さん何してんの？　とか、死生懇話会？　このコロナのときになんや？　みたいないわれ方されて、それとずっと闘ってきてるからな。こんだけコロナ陽性者が、こんだけ死者がとかいうてるときに、死生懇話会なんかやってて何しよるんかといわれてた悩みはあったかもしれへん。でもコロナがあったから、また考えられたこともあるのかもしれへん」

知事の考えがだんだんわかってきたような気がした。

県庁のマインドを変えようとしてるんじゃないかと思った。

県庁での協議は、すべてがそうではないが、目先の課題にどうアプローチするかという視点が強いような気がする。日々発生する様々な変化に対応すべく、目の前のことに全力でアプローチする。当然、僕もこれまでそうしてきた。でも、その課題がなぜ発生するのか、そもそもそれって本当に課題なのか、というような根本の議論はあまりされていない気がする。そんな県庁の中で、根本の話ができる場、それがＷＧなのかもしれない。

「死」「生」を語るのに、役職も肩書きも関係ない。

「最近、地域を歩いて、人に会って感じるのは、老いに悩む人が増えてるなってことやねん。山田さんのお父さんお母さんのもう一つ上、おじいさんおばあさんの世代やな。その世代の人がずっと家におれるのってだいぶ少なくなってきてると思うねん。認知症とか、病気とか、孤立とか、そんなことで悩む人が増え始めてる。このコロナでもっとそれが増えた気がするねん。肌感覚のいい方で申し訳ないんやけど……。

ぼくは、そういう人たちに、もしくはそういう人たちを看ている人たちに、いいんやで、あなたらしくいたらいいんやからといってあげられるような県職員、県知事になれるのが、懇話会の役目になるとええと思う。

認知症になってる、施設が足りひん、孤立が増える……そんな話を聞いたときに、そらえらいことですねというと、その人たちは、あ、俺たちは社会のお荷物になってるんやみたいになるんやけど、いやいや、そんなん当然ですがな、大丈夫、大丈夫、滋賀県はどうなってもちゃんと過ごせますさかいにといえるかどうかや。

ぼくは死生懇話会をやってから、いろんなことに対する許容度が増してるような気がすんねん。県民の皆さんからいろんな相談を受けたとき、あー、あるある、そういうことありますよね、みたいに答えられるようになって、え？　わかってくれんの？　といわれ、はい、いろいろ聞きますからねえと答えられるようになるんが大事やないんかな。ぼくは今、『健康しが』っていってるやろ？　なんとなくぼくはパワフルなイメージでやってるから、県民の皆さんから、知事の前で、わしは病気や、認知症や、といいにくかったとか、『健康しが』っていう県の施策からちょっと置いていかれて、見てもらってないような、そんな気持ちになるんですっていわれたことがあんねん。だから、『健康しが』は打ち出しつつも、みんなを包摂するような、そういう県にならんとあかんなと思い始めてるんや」

僕は知事の話を聞きながら、自分がこれまで「死生懇話会」を否定的に見てきたことを反省し始めていた。知事に、政治家としてのパフォーマンスやと決めつけてしまってすみませんでしたと謝りたい気分だった。

——よし、難しいことだけど、思い切って自分なりにやってみよう。

僕はすっかり心変わりをして、知事室をあとにした。

本気なんや

知事協議翌日の六月九日、僕にとってはじめてのWG会議を開催した。

今年度から所属推薦でメンバーになってくれた職員も何人かいたが、「この会議で自分は何をしたらいいんだろうか」という表情をしているように感じた。

今回の会議では、メンバーの顔合わせ、自己紹介の部分をメインにしようと考えていた。その後、今年度はどんなことを企画しているのか、これまでどんなことをやってきたのかを説明し、それが終わったころに知事が会議室に入ってくるという段取りだった。

会議の前半は、前の日に知事がいっていたような、県庁の会議とは思えない会議だという印象はなかった。みんなどこか表情が硬く、中には持ってきたパソコンで内職をしている人もいた。仕方なく出席しているのだろう。僕の説明も面白くなかったのかもしれない。

そう思っていたところに知事が入室した。

「今までの取り組みや今後の予定を、一通り説明させていただきました。せっかく知事に来ていただきましたので、これまでの二年間の感想や、今後のことについて、知事から少しお話をいただければと思います」と、僕はちょっと仕切ってみた。

「ぼくがしゃべると一〇分も二〇分も止まらなくなるし、今日は朝から記者会見して、挨拶して、ずっとしゃべりっぱなしだったから、皆さんのほうからこんなこと聞いてみたいなとかある？　もしくは、なんでこんなところに来ることになったんかな？　とか、こんなテーマで話すの苦手なのでとか、何かある人いる？」

　メンバーの一人が手を挙げた。

「なぜ、知事はこのような死生観について深めていきたいと思ったのか。きっかけは何ですか？」

――え、最悪や。それ、さっき冒頭に僕が説明したやん。昨日の知事協議でも事務局からしっかり伝えとくって知事にいったのに……。

　僕の顔は引きつっていたが、知事はノリノリで語り始めた。

「人は、二〇年、三〇年、四〇年、五〇年、生きていればいろいろありますよね。ぼくたちは死ぬっていう経験はしてないけど、身の回りで大切な人を亡くしたり、死というテーマで情報が入ってきたり、死別ということでいろいろなお別れがあります。

　ぼくは、そういったことを考えたとき、そういう場に出れば出るほど、人は必ず死ぬんやなぁという当たり前のことを思って、そしたら、今生きていることってものすごくありがたくて尊いことなんやなぁと思うようになって、せっかく、ありがたく尊く生きてるのに、生きているもの同士が仲悪くなったり、批判し合ったり、戦争したり、わざわざ殺し合ったり。亡くなるという過程は、事故だったり、災害だったり、病気だったり、自死だったり、いろいろなことがありますよね。それを全部ポジティブに捉えろといっても無理だけど、その人がそこにいたっていう意味を大事にすることができたらいいなと思ったこと、それがきっかけかな」

この知事の答えで場の空気が変わり、立て続けに質問が飛び交った。さながら知事の定例記者会見のようになった。

「なぜ年始の挨拶で死の話を取り上げられたんでしょうか？　そこがすごくポイントな気がしてならないんです」

「ああ、二〇二〇年の新年ね。県庁の仕事は四月に始まって三月に終わる。そんな年度、年度でやるんですけど、ぼくは節目を大事にしてて、年始の最初に、今年はこんな年にしたいということを、知事として、リーダーとして、政治家として表明するようにしてる。そのために、一〇月、一一月、一二月ぐらいにずっと考えるんですよ。

年末には、時間の許す限り、お世話になっている人たちのところに挨拶に行くんですが、そうすると、昔は元気だった方が元気を失くしていたり、お亡くなりになっていたりということが毎年あるんです。その過程で、『生』には限りがあるんだ、常ではないんだなという、有限と無常を感じるようになったんです。前々からぼくには、『死』というものを直視するべきなのではないかなという思いがあって、よし、『死』を直視して、『生』を輝かせるような勉強ができたらいいなということで、年始の挨拶のときに投げかけてみたんです。

そのころのぼくは、周りに相談せずにいうことが多くて、『びわ湖の日』の休日化とか、いった途端に県庁がどひゃっとなって、結局まだ実現していないこともあるんですけど、死生懇話会ぐらいだったら、投げかけるテーマとしていいかなと思って投げかけてみたんです。ただ、その直後からコロナだったので、それどころじゃなくなった。コロナで怖い思いしているのに、何が死生懇話会やねんという空気に巻き込まれながら、これまで死生懇話会としては三回、WGもやりながら過ごしてきたっていうことです」

知事は、本当に素でしゃべっていた。僕たち下っ端の職員が知る由もないようなことも、何のためらいもなくしゃべっていた。

それから次々に、新しいメンバーが口を開いた。

「民間で五年ほど働いて、今年の四月に入庁したんですが、私も知事がおっしゃるように、日々『死』というものを考えることがあります。一度お寺の住職さんにお話を伺ったことがあるんです。住職さんは、日常会話の中で使う『ありがたい』という言葉についてお話をしてくれたのですが、死生懇話会と聞いて、それをふと思い出しました。『ありがたい』を漢字で書くと『有難い』。有るのが難しいけど、それが日常に普通にあることが『有難い』ことなのだと。先ほど、県としてこういったことを発信するのは難しいと事務局の方もいっておられましたが、私も、成果として、どう伝えていけばいいのかが難しいなという感想を持ちました」

「ぼくも同じ感想を持っています。死生懇話会を始めたはいいけど、どこに行くんやろ？　何するんやろ？　でも、賛否両論あるけど、どこに行くかわからんテーマが一つくらいあったっていいんじゃないのかな。いっつもいっつも成果を求められなくてもいいんじゃないのかな。一年三六五日、一週間は七日あって、そのうち五日は働いて、ずっとそんなことばっかりやっていたらいろいろいわれるかもしれないけど、何か月かに一回、こういうテーマで議論して、それを発信するということがあってもいいんじゃないかな。

ぼくがこの二年やってきて感じるのは、この議論の中から、このテーマについてもっと充実させたらいいんじゃないの？　とか、ここで話したこと聞いたことを滋賀県の取り組みにもっと生かせたらいいんじゃないの？　みたいなことがあって、それを周りにいうようにしている。議論をすることで、皆さんの心にピッピッと灯火が点いて、それをそれぞれの職場に持ち帰り、それぞれの専門の仕事で火が点けばいいんじゃないかって思うんや。県議会で、成果について説明しろといわれたら、『そんなん先生、死生のことなんて簡単に説明できますかいな』っていったらええねん」

知事がそういうと、実際に議会に対して説明をする役目の企画調整課の越後課長が、「どんな反応があるか気になるところですが、知事がこう申しておりましたと答弁させていただきます」と、にこやかにいった。

「ぼくら公務員は、税金で仕事をしていて、最小の費用で最大の効果を、といわれるけど、死生懇話会について聞かれたときは、どう？ 皆さんのお仕事、およそ死生に関係ない仕事なんかないやろ？ どっかで死生につながるんじゃないの？ と答える。ぼくは今、懇話会で聞いたことや学んだことを施策に生かすことが大事で、むしろこういうことを始める前までそことくっつけてやってこなかったこと自体、おかしいんじゃないかなと思い始めている」

知事の言葉に、みんなが首を縦に振っていた。

僕も確かにそうだと思った。

行政の仕事で「死」「生」に関係ない仕事なんてない。福祉も、産業振興も、文化芸術も防災も教育も、何もかもが関係ある。だからこそ、そういった業務を担当する職員が、「死」「生」を考える場、時間を持つことは当たり前だし、重要なことなのだ。

教育委員会から参加の教職員がいった。

「今の知事の話を聞いて、なるほどと思ったことがあります。私は二〇年前くらいから、子どもたちに『生きる力』をつけましょうといっています。でも『生きる力』といいながら、『死』については全く教えていない。学んでいないというのは、イメージがつかみにくいというのもあるのかなと思います」

「そうやな、昔は家族で、家で看取りをすることなんかよくあったけど、家族形態も変わってきて、最近ではコロナで、お前ら葬式にも来んでええでとなっちゃった。『死』がどんどん日常から遠くなってる。でもゲームや映画でいとも簡単に『死』が表現されていて、日常とのギャップがあったりする。だから、こんな話をそれぞれの分野でするだけでも、すごい気づきとか学びがあるんちゃうかな？

最近、ぼくは動物のことを考えるようになった。動物だって同じ『生』あるもの。ぼくがアニマルウェルフェアとかいい出したんも、死生懇話会に出たからです。近江牛を宣伝するときに、美味しいですよ、ＧＩですよ、歴史ありますよっていうんやけど、あるとき若者が、この牛どうやって育てられているんですかって聞いてきて、ハッとしたんや。若者は、私は牛を食べませんというんや。なんでやって聞いたら、牛のこと考えたつくり方していないっていう。経済動物だから、命をいただくっていうのは当たり前なんやけど、そういう思考もあるんやなと思った。（※ＧＩとは、その地域ならではの自然的、人文的、社会的

な要因・環境の中で長年育まれてきた品質、社会的評価等の特性を有する産品の名称）

あと、災害避難するときに、水が迫っているから逃げろ、山が崩れてくるから逃げろといっても逃げへん。なんでやと聞いたら、犬と一緒に逃げられへんからやと。犬は私の家族なんですという。ぼくらは、自分の身が危険やのに犬なんかって思っちゃったりするんやけど、その人らにとっては犬も大事な家族なんや。だから昨日かな、防災プラスワンっていう啓発物を新たにつくってくれたけど、そういう家族同然のペットと避難できる避難所をつくろう、もしくはつくるためにはどうしたらいいか考えようという取り組みが始まった。

死生懇話会発のいろいろなアイデアが、いろんな施策に一味加えていくヒントになって、ぼくらの日常を変えていくといいんじゃないかな？

今日も記者会見でいったんですけど、『死』と『生』の間にある、『老い』と『病』について、今後、県内あちこち回って皆さんと一緒に語っていきたい。どんな悩みがあって、どんな喜びや悲しみがあるのか、語り合えたらいいなと思っているんです」

僕は、知事の話を聞きながら、やっぱり知事は本気なんや。僕も本気でやろう。いや、本気でやりたい！　と思っていた。

「ありのまま」と「その人らしさ」

この時点で、今年度は一つの企画を実施することを決めていた。

死生懇話会委員による「リレートークイベント」。

これまでの死生懇話会では、委員全員が一堂に会し、二時間半程度にわたって議論を深めるという構成をしていたが、どうしても一人ひとりが話す時間に制約があり、聴講者から、「もう少し○○委員の話を聞きたかった」「○○委員と○○委員の対話を聞いてみたい」という意見がいくつか寄せられていた。

そんなお声を参考に、テーマを決めて委員を分けて、少人数で深い議論をしようというこの企画に行き着いたのだ。当然、森さんが構想していたアイデアである。

リレートークイベントの第一弾は、死生懇話会委員の藤井さんとミウラさんと上田さんの三人で、鼎談《ていだん》形式（オンライン配信）で行うことになった。この座組みも森さんが考えていてくれたものだった。

この企画で僕がやったことといえば、イベントタイトルの命名だ。

僕が、藤井さんとミウラさんの過去の発言から導き出したお二人の共通項としてのキーワードは、「生きづらさ」だった。そこで、『「生きづらさ」をつくっているのは何（誰）

なのか？』というイベントタイトルを考えた。

あまり自信はなかったが、森さんに相談すると、「いいと思う。それでいこう」といってくれたので、このタイトルで広報準備を進めることにした。広報のチラシを作成し、県公式ＳＮＳや「しらしが」という県の情報配信サービスなどを駆使して広報に励んだ。

果たして聴講申し込みをしてくれる人がいるのだろうか、県がこのイベントをやることについて批判的な電話があるんじゃないか、そんな不安な気持ちもどこかにあったが、それはいい意味で裏切られることになる。

最終的に、申し込み者は五六名になった。決して多いとはいえないが、県が行うイベントに、五〇名を超える申し込みがあるのは、まずまずだ。聴講者特典もないイベントではなおさらだ。

このイベントには、登壇者として知事に参加してもらうことは想定していなかった。だが、土曜日の開催であり、かつオンライン配信ということから、もし公務がなければご視聴くださいといった趣旨のメモを、秘書課を通じて知事に届けておいた。

イベント当日の七月三〇日（土）、開始一時間前に、オンラインで藤井さんとミウラさんと打ち合わせをし、僕はそこではじめてお二人と話をした。お二人の発言録やアーカイブ動画を隅々まで見ていたので、僕には、はじめまして感が全くなく、実際に話をしてみても、想像通り、すごく柔和で真っ直ぐな印象の方たちだった。
配信テストも無事に終え、いよいよイベントがスタートした。

【藤井さんのお話より】

「生きづらさ」に対する考え方として、私が一つ思うのは「ありのまま」でいられるかどうかだと思うんです。「ありのまま」というのは、何かができるということではなく、生産性が高いとか効率性がいいということでもなく、ただ、そこに「在る」ことですよね。でも、ありのままを認めるというのはものすごく難しい。

この「ありのまま」が、「その人らしさ」になっていることが多いんですが、「ありのまま」と「その人らしさ」は違うと思うんです。「私はこんな活動をして、こんなふうに笑って、こんなふうに生きているのが私らしさ」だと思っていると、例えば病気になったり、経済的に破綻したり、環境ががらりと変わってしまうと、私らしさというのは保てなくなります。すると「自分はもうダメだ」となってしまう。

社会の構成員一人ひとりが、「ありのまま」を受け入れていくとはどういうことなんだろうと考えていく。それが生きづらさに関わっていくことだと思います。いい換えると、目の前の人を心から愛せるかということだと思うんです、ちょっと仰々しいかもしれないですけど。目の前の人、そこに在る人のことが何だか気になる。「ああ、もうしょうがないよね、この人は」じゃなく、また「私は人を助けられる人間だから、その人に何かしてあげましょう」という援助関係でもなく、目の前の「なんだか気になる人」を心から愛すること、赦すこと。それがとても重要なのだと思います。

【ミウラさんのお話より】

「生きづらさはどこから来るんでしょう?」とか「誰のせいでしょう?」という問いに対して、いろいろと感じることや思うことはあっても、これだなという答えが、私にはどうしても見つけられないんです。生きることそのもの、命に対することそのものにも正解がない中で「どんな価値観で、どんなふうに生きていって、何が良しとされるのか」みたいなことは、千差万別で当たり前であるはずなのに、やっぱりどうしても基準を決めたいというか、「こうだったら大体安全ですよ」とか「こうだったら大体いいラインですよ」みたいなのがどうしても社会的に出来上がっているような気がします。

私たちが育ってきた環境というのは、ほとんどが与えられ、それを受け入れ、それをうまくこなす。そして、それがちゃんとできたり、うまくこなせた人が良い子とされる教育を受けながら育ってきているので、社会に出たときに自分の思いや自分の考えで「こうしたい」と自信を持っていい出すことができなかったり、自分の思いや考え自体がなかったりするんです。だから、あなたらしくやればいいのよとか、自分らしくやってみてとか、自分オリジナルでとかいわれても、自分らしさが何なのかもわからない。

だからこれからはちょっと意識して、自分は何がしたいのか、どんな生き方がしたいのか、いつも自分で選んでみる。何が好きとか嫌いとかだけでもいいし、嫌悪する権利だってあるから、嫌いなものを嫌いといってもいいと思います。それを一人ひとりが意識してやっていけたら、少しは何か変わっていくんじゃないかなと考えています。

僕は、お二人の話にすごく納得した。これまで何となく自分の中で思っていたことを、見事に言語化してもらったような気がした。特に藤井さんの「ありのままとその人らしさは違う」という発言は、ためこんでいた掃除を終えたあとのようなスッキリした気持ちになって、頭がクリアになったような気がした。

僕はよく、記憶力がすごいねといわれる。妻からも、ことあるごとにいわれている。

二〇一〇年の甲子園大会優勝校、二〇一三年の阪神ドラフト一位、二〇〇四年のイチロー選手のシーズン安打数、こういったものを何も見ずにスラスラ暗唱できる。自分で意識しているわけではないが、自分の興味があるものは詳細に記憶する習性があるようだ。

そしてもし、事故や老化で記憶力が低下すると、僕の「自分らしさ」がなくなるんじゃないかと思っていた。僕自身も他者のことを「その人らしさ」というフィルターを通して認識していたような気がする。僕は藤井さんの話を聞くまで、「ありのまま」イコール「その人らしさ」だと思っていた。

大学時代に塾講師のアルバイトをしていたとき、進路相談マニュアルに「あなたらしい進路を探してみよう」といった講師用テンプレートコメントが掲載されていた。僕も実際、生徒にもそういう言葉をかけていた。でも、そうじゃない。ありのまま、在るだけでＯＫという発想は、今の生きづらい社会に必要な要素なんだろうと思った。

イベント後半になり、進行役の上田さんが、オンラインのチャットのことに触れた。

「では、聴講者の皆さんからチャットでいただいているコメントを紹介していきたいと思います。生きづらさをつくっているのは何か、と書いてくれたのは、三日月さんという方です。この名前はなかなかないので、多分、あの方だと思います。皆さんも、ぜひ、意見をチャットに書いてみてください」

――え？　知事見てんの？

チャット欄には、「三日月」という名の人からどしどしとコメントが寄せられている。

「生きづらさ、つくっているのはわたし」

「生きづらさ、つくっているのはわたしのまわり。わたしのまわりと比べるわたし。わたしのまわりと合わせるわたし」

「生きているから感じるつらさ。生きているからつらさ感じる」

こんなこと書くのは絶対に知事や。僕はつい笑ってしまった。

聴講者のチャットの中から面白そうなものをいくつか拾い、それに対して藤井さんとミウラさんがコメントするという流れのあと、上田さんはついにいった。

「それでは、三日月さんにも投稿していただいていますし、今日聞いていただいた感想を伺いたいと思います。三日月さん、どうぞ」

予期せぬこととはこのことだ。僕は急いで「三日月」という名の人に向けて、「もし出演が可能でしたら画面とマイクをオンにしていただけますか。難しいようでしたらその旨、お返事いただけますでしょうか」とチャットを送った。

チャットへの返信がないまましばらく経ち、そして、ぴろんと画面に知事が映った。知事は、見たこともない帽子姿で登場した。

「いやあ、藤井さんやミウラさんのお話を聞いていて、感じること、考えることがたくさんあって、出ようかなと思ったけど、休日だったからありのまま出るのが難しい状況で、すいません、急いでヒゲを剃って、帽子をかぶって出てきた次第です」

ありのままの姿で出ることをためらった知事が、慌てふためいていた様子がうかがい知れて、僕は笑いをこらえるのに必死だった。

「先ほどミウラさんが、いろんな思想とか思い込みという言葉で表現されていましたけど、藤井さんが、ほとんどの人が、人を見るときに『眼鏡』をかけているといわれたこと、そんな『物差し』みたいなものを、こちら側から押しつけるとか決めつけるとか、特に知事や行政は、そういうことをしないように気をつけないといけないと、今日改めて強く思いました」

知事は本当に全部聞いていたんだと思った。

僕にとってはじめての死生懇話会関連イベントは、出演者の皆さんの深い対話と知事のサプライズ登場のおかげで、盛況のうちに無事終了した。これまでの仕事ではあまり感じたことがないような達成感と充実感に包まれていた。聴講者アンケートでもすごく良い評価をいただき、自由記述欄にもたくさんのやさしい言葉があふれ、うれしかった。

映画監督への出演依頼

トークライブが終わったあと、僕はプライベートの時間に映画館へ行き、『ＰＬＡＮ

75』を鑑賞した。早川千絵監督の長編デビュー作品だ。

「カンヌ国際映画祭で特別表彰を受けた早川さんっていう監督がいんねんけど、この方が映画で題材にしたことを、死生懇話会で共有できると面白いんじゃないかな」

前回の知事協議の際、知事がそういっていた。

この映画は、七五歳になったら死ぬか生きるかを自分で選択できる「PLAN75」という制度が日本にできるという設定で、制度の窓口である市役所の職員、対象者の人々の苦悩などを描いている。早川監督のインタビュー記事の中に、「世の中が不寛容な方向に突き進んでいく気がして、その危機感が原動力となって、今、つくらなきゃいけないと思ったんです」というコメントがあった。

これだ！　見つけた！　と僕は思った。

知事がいったからではなく、担当する僕自身が、「ぜひ早川監督をゲストにお招きしたい。お話を聞いてみたい」というマインドになったので、死生懇話会への出演交渉をしたいと思った。森さんに相談すると、森さんもすでに映画を観ていて、すぐにOKが出たので、早川監督のマネージャーさんへメールをすることにした。ネットで問い合わせフォームを探すと、それらしきWEBページを発見することができた。

僕は、映画を観て感銘を受けたこと、死生懇話会のこと、次の懇話会のゲストとして早川監督に出演していただきたいことなどを熱く綴り、これまでの歩みの資料を添付して、ドキドキしながらメールを送信した。いきなりよくわからない取り組みのメールが届いて、悪ふざけかなと思われたらどうしようと心配していた。

しばらくして、マネージャーさんから、丁寧な返信をいただいた。

返信のメールには、あたたかい文章が並んでいた。マネージャーさんが言伝してくれた監督からの言葉に、僕は感動した。

「このような真摯な企画にお声がけいただき大変ありがたく思います。

しかしながら伝えたいことはすべて映画に込めているつもりでして、それ以上に私の口から語れることはもう多くはないと思っています。

作品を取り上げていただくことは全く構わないので、映画を元に皆さまで議論を深めていただけるのでしたらうれしく思います」

結果は残念だったが、メールの文面から、やさしい気持ちが伝わってきた。そして早川監督の言葉に、クリエイターとしての矜持のようなものを感じ取った。

――そうだよな。想いのすべてを映画に込めているんだから、その中身をご自身の口から語ってもらおうなんて野暮や。

どこか反省にも似た感情が湧き上がってきた。熱い気持ちだけで突っ走ったが、監督の思いをちゃんと想像すべきだった。実現の可能性は限りなく低いと思っていたが、しかしこういうチャレンジができるのも「死生懇話会」だからこそだろう。

中途半端なPR行事のようなものだと真剣さが伝わらないが、「死」「生」というテーマだからこそ、真剣にこちらの想いを伝えることができるし、先方も真剣に受け止めてくださるんだと思った。このチャレンジをしたことは、今でも僕の糧になっている。さらにこのあと、僕はもっとチャレンジングなことをしていくことになる。

生老病死シート

九月に、今年度二回目のWG会議を開くことになった。

前回の会議では、メンバーの顔合わせ、自己紹介に重きを置いていたが、今回はワークショップのようなものをしようと考えていた。七月ごろから何をしようかなと悩んでいて、ふと、「皆さんのお仕事、およそ死生に関係ない仕事なんかないやろ?」という知事の言葉を思い出し、一つのアイデアが浮かび上がった。

県庁業務の関連性をみんなで考えるワークショップをやってみようと思った。「生老病死」シートをつくり、それを使ってワークショップを行うのだ。「生老病死」シートには、人が生まれて死ぬまでに感じる、あるいは体験するであろう一二個の漢字を書いた。

災　幸　死

病　楽　苦

老　悩　育

生　夢　学

参加者には、事前に、現在の担当業務とこれまでの担当業務の中で印象深いものをワークシートに記載してもらい、そのワークシートを使って実施することにした。

まず、五人×三グループをつくり、各グループの机の上に「生老病死」シートを各一部用意する。そして、

① 自分のワークシートに基づいて現在の業務・過去の業務を紹介する。

② その後、自分のワークシートをホワイトボードに貼り、その業務と一番関係があると思う漢字を付箋に書き、ホワイトボードに貼り付ける。（「生老病死」シートに記載されている漢字を参考に。それ以外でも可）

①〜②を繰り返していく。

一周したら、グループ内で質問や感想を交えながら、自分以外のワークシートに漢字を書いた付箋を貼っていく。ホワイトボードに貼り付けられているものを全員で見ながら、生老病死などの観点から、どの業務とどの業務が関連しているのかを見ていく。関連性がある業務間で、何かできることはないか考え、グループ内で共有する。そして最後に、各グループ代表者一名が、グループ内での議論を発表する。

このワークショップには、知事が会議の最初から最後まで一時間半ずっと参加することになった。僕は、はじめて自分で考えたワークがうまくいくのかドキドキしていた。

当日、まずは事務局から、七月に行ったトークイベントの結果報告や、来月に予定しているイベントの案内、早川監督の『ＰＬＡＮ75』の紹介と、死生懇話会への出演交渉を行ったが叶わなかったことなどを説明した。

知事をちらっと見ると、残念そうな表情を浮かべていたが、早川監督からのお断りの理由を説明すると、首がもげそうなくらいの勢いで頷いていた。

ワークショップでは、僕は知事と同じグループになった。最初、知事が間近にいるからか、グループのみんなもガチガチだったが、次第に緊張もほぐれてきて、どんどんと意見が出てきた。

やはり県庁の中にある仕事はすべて、「死」「生」に関係するということがわかった。

一言で「生」といっても、その中には様々な要素が含まれている。生きていれば幸せなこともあれば苦しいこともあるし、夢を抱くことや悩むこともある。僕たち行政は、そういった「生」の輝きや闇の部分にも向き合う仕事をしているのだと再認識した。

皆が「生老病死」シートにあるどのワードに関係が深いかを意見交換する中、知事は、そこに入っていないワードをホワイトボードに書いた。多分、これを読んでいる人は誰も想像できないと思う。知事は、「シェア」と書いたのだ。

僕は知事の斜め上の発想に笑ってしまった。さすが政治家。

「生」から「死」の間には様々な要素があるが、夢や希望、悩みや苦しみをシェアできる世の中、行政をつくっていくことは確かに大切なことだ。まさかこのワークで英語が飛び出すとは思わなかったが、すごく納得した。

僕がはじめて企画したワークショップが幕を閉じた。知事の斜め上のワードセンスを、家に帰った僕が、それを妻にシェアしたことはいうまでもない。

「死」は、最大の利他行為

二〇二二年一〇月二日(日)、リレートークイベントの第二弾を開催した。

参加者は、医師の越智さんとケアマネジャーの楠神さんと上田さん、それからもう一人、一年目に森さんが取材・ヒアリング活動を行った看取り士の西河さん。

今回のテーマは、『暮らしの中に「死」の話を～「死」に寄り添う現場から～』に決めていた。「死」に近い仕事である医療、介護、看取り士、それぞれの立場から、多角的な議論がなされることを期待していた。

前回とは異なり、会場聴講も可能とし、会場とオンラインのハイブリッド型の運営とした。オンラインとは違い、会場で聴講者の皆さんの表情が見られるのが楽しみだった。前回同様、広報開始から続々と申し込みがあり、最終的に七〇名の申し込みがあった。

「楽しみにしています。いつもありがとうございます」

当日、イベントを楽しみにしていてくださった方々が、次々に僕たちにお声をかけてくれた。県庁で働いているのに、県民の方と触れ合う機会があまりない僕は、素直にうれしかった。

リレートークでは、「死」に寄り添う方々の話に、それぞれとても現実味があった。

西河さんの「看取り」という言葉に対する解説がすごく印象的だった。僕にとっての「看取り」とは、見送る側の一方通行的なイメージで、「見送る」という表現のほうが近いかと思っていた。

しかし西河さんは、「看て取る」「受け取る」と表現された。そして、「死は最大の利他行為」という表現をされた。

「例えば植物が、大地に何百何千と種を落とし、最後は一本の草さえも自らの体を大地の栄養として捧げる。命というのは利己ではなく、そういう利他行為なのです」とおっしゃった。生きていること自体が利他行為であり、死というのは、今まで蓄えた人生の経験や思考などを残された人に受け渡す最大の利他行為であり、それを受け取るのが看取りなのだと。

上田さんも、「看取る」の「取る」について、何で「取る」なんだろうと考えていたそうで、「死にゆく人から何かを受け取るから、看取りなんですね」と納得していた。

イベント後半、上田さんが聴講者から届いたコメントをいくつか読み上げた。

「現在六〇代です。安楽死制度が早く実現するといいなと思っています」

「私は日本尊厳死協会に入っています。ご存じのように、法的権限はありませんがいかが思われますか？」

このようなコメントに対して越智さんが答えた。

「尊厳死というのは、病気などで処置を受け、生かされているだけの状態にある方が、人間としての尊厳を保ったまま死にたいという要望に対する処置です。安楽死というのは、がんによる耐えられない痛みであるとか、回復の見込みのない大きな病気であるという方について、ある処置をして積極的に死を迎えてもらおうという処置です。両方とも日本では認められていませんが、オランダや、アメリカのいくつかの州で認められています」

越智さんの説明によると、オランダでは何度も何度も、安楽死を実施したドクターたちが裁判にかけられ、有罪になったり執行猶予がついたりしながら、その都度議会で論議され、法律が制定されたということだった。

医療や介護のほうから口を出して改正されるものではなく、司法が勇気を持って制度改革に臨むべきだというのが、越智さんの持論だった。

こんなセンシティブなテーマが、オープンな場で語られていた。非常に政治的で宗教的、かつ思想的な内容だと思った。

積極的に死を迎えてもらおうという「安楽死」が制度として認められた際に、その制度が「死」を後押ししてしまう可能性があるといった意見があることは周知の事実だ。ここでは司法的、制度的な議論であったが、その側面だけで結論は出ない。尊厳死、安楽死といったことに関して、この場で良いとか悪いとか結論を出せるものではもちろんないし、何らかの結論に誘導するような流れになってもいけない。

でも、議論を交わすことはあってもいいんじゃないかと思った。そして、そういった議論が「死生懇話会」という行政が主催する行事の一幕で生まれたことは大きな意義があるように感じる。はじめから無理にまとめようとも答えを出そうともしていないし、みんなの考えをシェアして一緒に考え、語り、噛みしめる。そんな「死生懇話会」だから。

上田さんが、ラテン語の「メメント・モリ（死を思え）」という言葉から、滋賀県でそんな挨拶を流行らせてみてはどうかといった。「こんにちは」という代わりに、「どう死にたいですか？」と。僕は、もっと気軽にそういえるようになると、ずいぶん世の中も違ってくるだろうと思った。

イベント終了後の聴講者アンケートでも、これらのことについて否定的な意見はなかったが、次のようなコメントもあった。

「今回で参加四回目になりますが、何かしら、『こうあるべき』『これが素晴らしい死だ』といった内容に傾いてきたように感じます。パタナリズムではないにしろ、毎回うつくしい話が続くからかも知れませんし、発表する方々は自分の道に心を込めておられるだけに、そうした思いが無意識に強く伝わってくるのかも知れません。『家族に見守られて安らかな死を迎える幸せ』、よくわかります。でも、身寄りのない人はこの話を聞くとどのような気持ちになるでしょうか。孤独死、孤立死、安楽死の問題。そんなことに関しても、もうそろそろ真正面から取り組むべきではと思います」（※パタナリズムとは、権力者が弱い者に

対し、あなたのためという視点で語ること）

確かに、委員の皆さんは毎回熱く語ってくださるが、そのように捉えられる側面もあるのだと思った。僕自身、あれもこれも素晴らしいから紹介したいと思っているが、「お役所」の立場から発信すると、このような見方になるのかもしれないと思った。このような意見はありがたく、次から生かしていきたいと思った。

そのような意見も含め、「死」をタブー視せずに真正面から語ることができるような土壌が、じわじわと広がってきている手応えを感じ始めていた。

デスカフェ絵本読書会

このイベントから二週間後の一〇月一六日（日）、死生懇話会の関連企画として、『デスカフェ絵本読書会』を開催することになった。

我ながらすごいネーミングだと思う。デスカフェは、直訳すると「死のカフェ」だ。これは、僕が担当になる前、森さんが行っていた取材・ヒアリング活動でお世話になった図書館司書の田中肇さんと、看護師の小口千英さんから提案いただいた企画だった。

田中さんは、横浜で「対話カフェＴｏｋｙｏ～Ｙｏｋｏｈａｍａ」を、小口さんは栃木県で「Ｃａｆｅ Ｍｏｒｔｅｌ」を主催され、時々お二人で一緒に、絵本を用いたデスカフェを開催されている。その取り組みが興味深いということで、森さんが取材した経緯があった。

「デスカフェ」は、スイスの社会学者であるバーナード・グレッタズ氏が、妻を亡くしたことをきっかけに、死について語り合う場の必要性を感じたことから始まったとされ、これまで全世界七〇か国以上で開催されているそうだ。

日本国内でも「死を語ることは生を実感する場」として多様な形で開催されていて、宗教、国籍、年齢、性別等に関係なく、終末期、看取り、近親者の死という経験のある人、当事者、そして死について学びたい人などが、分け隔てなくつながる場として広がりを見せている。

ＷＧのメンバーからも、絵本を使ったイベントを企画してはどうかとの声が上がっていたので、お二人からいただいたご提案に乗らせていただく形で、具体的に企画を進めていくことになった。

しかし、絵本デスカフェがどういったものかを知らないことには話が進まない。そこで僕は、田中さんと小口さんが主催されている絵本デスカフェに参加することにした。

絵本デスカフェとは、「死」「生」を題材とした課題図書の絵本を、参加者が一ページずつ丁寧に深く読み込みながら語り合う読書会で、同じ絵本を見ていても、参加者によって違う視点や気づきがあり、絵本の深い理解にもつながるというものだった。

そのときの課題図書は『かぜのでんわ』（いもとようこ作・絵、金の星社）という絵本だった。

岩手県の山の上に置かれた電話で、誰もが自由に使えるが、実はそれは電話線のつながっていない電話で、東日本大震災のあと、岩手県大槌町に設置された「風の電話ボックス」をモデルにした内容だ。

一時間ほどかけて、参加者が順番に音読し、思ったことを一人ひとり自由に語っていく。平仮名ばかりの絵本なので、黙読すれば三分ぐらいで読み終えるのだが、絵と文章をじっくりと味わいながら読んでいった。

思ったことを語るパートでは、ご自身のご家族を亡くされたときの心情などを語る方もいた。基本ルールとして、参加者の発言を絶対に否定しないというものがあって、そのルールが心理的安全性につながるのか、友だちや家族にもいえないようなことを、はじめて会う人に躊躇なく語ることができる雰囲気があった。

僕はこのとき、七月のトークイベントでの藤井さんの言葉を思い出していた。デスカフェでは、藤井さんがいった「その人らしさ」を取っ払うことができるような気がしたのだ。絵本という、誰もが楽しめるツールを使った豊かなコミュニケーションの場がここにあり、ありのままでいられる。それが僕の抱いた印象だった。

このときの印象を温めながら準備を進め、一〇月一六日(日)、田中さんと小口さんを進行役に、デスカフェ絵本読書会をオンラインにより開催した。課題図書は、田中さん推薦の『わすれられないおくりもの』(スーザン・バーレイ作・絵/小川仁央訳、評論社)にした。

『わすれられないおくりもの』の主人公は、いつもみんなに頼りにされているアナグマ。前半は、死期を悟ったアナグマが残されるものたちへ手紙を書き、後半は、死んでしまったアナグマから、みんなが何かを受け取るという物語。

アナグマが死んだあと、アナグマにお世話になった動物たちは冬の間は悲しみに暮れ、やがて春になり、みんなは互いに行き来して、アナグマの思い出を語り合う。アナグマに教えてもらったこと、それができるようになってうれしかったこと、それが得意なことになったことなど、みんなでアナグマの思い出を語り合いながら、アナグマが残してくれたことが大切なものだったと気づいていく。冬に積もった雪がすっかり消えたころ、アナグマの死の悲しみもようやく消え、アナグマの話が出るたびに、楽しい思い出を話すことができるようになる。

絵本の中で、アナグマがキツネにネクタイの結び方を教える場面があり、その場面について参加者同士で語り合っていたとき、「高校を卒業したときに父にネクタイの結び方を教えてもらったなあ。今のネット社会では、人から何かを教えてもらうという経験があまりないのかもしれない。調べたら何でもわかるというのは、良いことでもあるけれど悪い面もあるのかもしれないですね」といったコメントがあった。すごく心に残っている。

アンケートでもうれしい言葉をたくさんいただいた。

今回は絵本を題材にしたが、今後は映画やスポーツなど、様々な切り口で新しい企画ができるのではないかと思った。

アイドルになる？

一二月になった。そろそろ、来年三月に開催予定の死生懇話会のゲストを決定しないといけない時期にきた。

八月に早川監督に打診をして以降、僕は他の仕事やトークイベントの準備などでなかなか動けないでいたのだが、森さんからある助言をいただいた。

「あのアイドルはどうかな？　生きづらさみたいな文脈で、いろいろ発信してはるみたい」

森さんは、某大物タレントを呼ぶ案を提案してくれた。

以前の僕なら、即、無理でしょう（笑）というところだが、「いいですね」「事務所に連絡をとってみましょう」と、二つ返事で答えていた。

打診に当たり、知事にも相談しておかないといけないので、そのタレントさんの他二名を最終候補として、ゲストスピーカーとしての出演交渉を進めていく旨を記した資料で知事に書面協議をした。

すると知事から、「どの方になっても良い回になりそうだね」という趣旨のコメントがあったので、僕は早速、タレントさんの出演交渉に移ることになった。

しかし、どうやって連絡をとればいいのか、さっぱりわからなかった。

とりあえずインターネットで検索してみる。予想はしていたが、ファンクラブの申し込みフォームなどはヒットしたものの、事務所直通の電話番号など出てくるはずもなかった。それでも何とかして連絡をとらなくてはいけない。しつこくネットサーフィンをしていると、事務所の代表電話番号が掲載されているページがあった。もしかしたら、誰かが悪ふざけで載せているデタラメな電話番号かもしれないとは思ったが、ものは試しということで、僕はそこに電話をかけた。

「〇〇事務所です」と、女性の声がした。

——わ、ほんまにつながってしまった。

僕は心の中で焦りながら、「突然のお電話申し訳ありません。滋賀県庁企画調整課の山田と申します。御社所属のタレントさんの担当マネージャーさんにおつなぎいただけますでしょうか」というと、その女性は不思議そうに、「滋賀県庁の方ですか。どういったご用件でしょうか」といった。

当たり前だ。アイドル事務所に、役所からいきなり電話がかかってくることなどそうそうないだろう。電話をした趣旨を急いで伝えたところ、ファックスで企画書を送付いただきたいとのことだったので、企画の概要をまとめた資料をファックスで送付した。

数日後、僕あてに電話がかかってきた。

「山田さん、アイドル事務所からお電話です」

周りの職員はびっくりしていた。

何？　山田は三〇歳手前になってアイドル事務所に応募したんか？　そもそも全然キャラちゃうやんと思われていたかもしれない。電話の内容は、スケジュール的に難しいですという理由で、残念ですがというお断りの電話だった。

そらそうだろうなあ。大スターを、イベント三か月前にブッキングしようという発想が、そもそも無理なのは重々承知していた。でも、こういったチャレンジを思い切ってできるのも「死生懇話会」だからだ。僕としてはこの経験は良かったと思っている。「僕、あのアイドル事務所に電話したことあんねん」という、最高の「つかみ」を得るに至ったのだから。

WG会議の広がり

一二月二二日、今年度三回目のWG会議を開催した。

今回は、「死生懇話会」が一番お世話になっている上田さんに講師として入っていただくことになった。死生懇話会に関わって感じていることなどを話してもらい、それをもとに、参加者で意見交換しようというものだった。

従来の参加職員に加え、今回は新たに三人（組）の参加者が加わった。

一人は、彦根市で医師をしている徳田嘉仁さん。徳田さんは上田さんの知人で、いつか参加したいと徳田さんがおっしゃっていたことを上田さんから聞いていたので、お誘いすることにした。

二人目は、リハビリテーションセンターの田所さん。リハビリテーションセンターは県の地方機関で、地域リハビリテーションや総合リハビリテーションを推進し、地域と県全体をつなぐネットワークづくりや、利用者本位の一貫したリハビリテーションサービスを提供できるような様々な取り組みを行っている。

場所が離れていることもあり、普段はあまり関わりのない所属だが、森さんが別の仕事で関わることがあった際、死生懇話会のことを話したら、ぜひＷＧ会議に参加してみたいということになったのだ。

最後に三人（組）目は、滋賀県警の警察官がお二人。

普段、警察の方とお仕事をすることはあまりというか、ほぼないのだが、一〇月に行われた県議会決算特別委員会において、ある議員から、警察が行っている「命の大切さを学ぶ教室」と、企画調整課が行っている「死生懇話会」には共通することも多い、せっかく良いことをしているのだから、それぞれ連携しながら一緒にやっていくべきではないかといった趣旨のご意見をいただき、それを受けて警察からこちらに相談があった。ＷＧ会議でどういったことをしているのか勉強したいとのことでお越しいただくことになった。

これまで小さく地道に行ってきたＷＧの活動が、県庁内外で少しずつ知られるようになってきているようだった。

会議では、これまでにない視点で様々な議論が展開された。

「死というものは、警察にとって非常に身近なものです。私は、死亡事故現場や解剖の立会などを経験しており、損傷が激しいご遺体も見てきました。

警察白書に掲載されているデータによれば、高齢者は通常より六倍も多く交通事故で亡くなっていることがわかります。

高齢者の交通事故防止策の一つとして、免許の自主返納があり、警察では、自主返納された方々については、同意をいただいた上で、生活の援助が必要な方は地域包括支援センターに引き継いでいます。これは全国ではじめての取り組みになりますが、警察も、地域包括ケアシステムの中に入っていく必要があると考えています」

警察官のお話を聞いて、僕は、公安行政含めすべての役所で、「死」「生」に関係のない仕事はないのだと思った。

医師の徳田さんがいった。

「一度、今日で免許返納しますといっていた外来の患者さんが、その後パタリと来なくなって、半年後に家で亡くなっていたということがありました。運転免許を返納するのはいいんですが、結局その人が社会の中で生きていく唯一のツールがなくなってしまう。免許返納の問題に関しては、社会のインフラなどが、どう整備されていくのかというところも含めてやっていかないといけないなと思います」

おそらく、このWG会議がなければ、医師と警察官が、「免許返納」というキーワードで議論を交わすことはなかっただろうと思う。WG会議は、すべての人に関係がある「死」「生」という根源的なテーマを扱っている。だからこそ、様々な議論のプラットフォームになれる可能性を感じた。これはWG会議に限らず「死生懇話会」そのものもそうだろう。こういった取り組みがもっと広がっていけばいいなと思った。

みんなでつなぐ

年が明け、次の死生懇話会のゲストスピーカー候補として、写真家でジャーナリストの國森康弘さんに出演交渉を行った。僕がとてもお会いしたかった方だ。

國森さんは、新聞記者を経てイラク戦争を機に独立し、イラク、ソマリア、スーダン、ウガンダ、ブルキナファソ、ケニア、カンボジアなど、紛争地や経済困窮地域を取材し、国内では、戦争体験者や野宿労働者、東日本大震災被災者などへの取材を重ね、「命の有限性と継承性」をテーマに活動されている。

滋賀県や東北の被災地、それから東京などで、看取り、在宅医療、地域包括ケアの現場の撮影などにも力を入れて取り組んでおられる。

僕は國森さんの著書、『写真と言葉で刻む　生老病死　そして生　限りがあるから　みんなでつなぐ』を読んだ。仕事の一環として勤務時間に読んだのだが、國森さんの写真と言葉は、その後の仕事が手につかなくなるくらい胸に刺さった。

実は國森さんのお名前は、「死生懇話会」を立ち上げるときから、お話をお聞きしてみたい方として挙がっていたそうだ。各地を飛び回っておられるようだし、もちろん伝手もないので、連絡をとるのはなかなか難しいかもしれないなあと、それまでモジモジしていたのだが、大物アイドルにもアタックし、当たって砕けることに免疫がついた僕にはもう迷いはなかった。

國森さんに交渉するにあたり、上田さんに相談すると、なんと上田さんは國森さんとお会いしたことがあって、連絡先を知っているとのことだった。

これは運命だと思った。

上田さんにお願いし、國森さんの連絡先を教えてもらい、企画趣旨をメールでお伝えしたところ、懇話会の開催日は偶然にも都合がつくとのお返事をいただき、ゲストスピーカーを務めていただけることになった。

國森さんに、もう少し詳細について説明しなくてはいけない部分があったため、森さんと二人で会いに行った。

快くゲストスピーカーを受けていただいたが、内心はどう思っておられるのだろうか。死生懇話会を行政がやることについて疑問を持たれていないだろうかなど、不安な気持ちが拭えない中、國森さんと対面した。

國森さんは、作品から伝わってくる印象通りの誠実な方だった。死生懇話会のことも肯定的に捉えていただいていて安心した。当日は、戦争や災害、看取り、医療的ケア児などの幅広い写真をご紹介いただけることになった。

それから懇話会のサブタイトル、および國森さんの講演タイトルを、こちらが考えた案から選んでいただくというミッションもあった。僕たちは四つのタイトル案を持っていったのだが、國森さんは、僕が一番推していた『レンズを通して見つめ続けた「生」「老」「病」「死」～限りがあるからみんなでつなぐ～』を気に入ってくださった。

こちらが考えたといっても、國森さんの作品タイトルから言葉を拝借したものだ。僕があまりにもその作品に感銘を受けたので、ぜひとも作品のタイトルから言葉をお借りしたかったのだ。國森さんは僕の気持ちを汲んでくださった。

こうして、最大の懸案事項の一つであった第四回死生懇話会のゲストスピーカーが決定した。

美術作品から見る「死生観」

三月の懇話会の前に、トークイベント『美術作品から見る「死生観」』を、二月一八日（土）に開催することになった。これは昨年度、森さんが企画して開催することが決まっていたが、開催直前にコロナの流行状況が深刻となり、延期を余儀なくされたものだった。美術作品という切り口で、「死生観」を考えようという趣向のイベントだった。

大昔から、美術・芸術などでは「死」がテーマの作品が数多くあり、作品の中で「死」というものがどのように描かれてきたのかを、滋賀県立美術館の館長でもあるディレクターの保坂健二朗さんに解説いただこうと考えていたものだ。

登壇者には、保坂さんの他に、知事と死生懇話会委員の打本さん。そしていつものことながら進行役は上田さんにお願いした。

打本さんに入っていただいたのは、打本さんが僧侶（浄土真宗本願寺派）であり、仏教絵画の世界においても「死」が表現されるものが多くあり、宗教的観点でも議論を深めていただきたいなという思いからだった。

紹介する作品の権利の関係もあり、オンライン配信は行わず、県立美術館を会場に定員七〇名として広報を開始した。すると、オンライン配信がないにもかかわらず、申し込み期限を待たずして定員に到達し、申し込みをストップするほどの大盛況となった。

当日、会場にお越しいただいた方々の期待に満ちた表情を見て、僕ははじめて、スタート前から満足感を味わっていた。

トークイベントでは、館長の保坂さんから美術館の作品について解説してもらい、作品の持つ意味などを講義していただいたが、「美術は理解しなければいけないものだと思わせ、美術を縁遠いものとしてしまったのは、もしかしたら美術館の責任かもしれない」と、保坂さんはおっしゃった。

僕の家の近所にも美術館があって、ドライブをしていて目に入ることもある。だけど入ろうと思ったことはない。美術を理解できない僕が鑑賞しても、意味がないと決めつけていたからだ。

美術館の何ともいえない威圧感。そして美術鑑賞をしている年配の人たちの博識そうなイメージ。実際にそんなことはないのだろうが、美術館には、「こんな若造に美術のことがわかるのか？」というような雰囲気があるように感じていた。保坂さんは、そんなイメージを変えていかなくてはいけないとおっしゃった。

保坂さんは、絵に対する正しい見方はない、本来、絵の正しさなどは全然関係なくて、その人が、今のその人の人生の中で、目の前にある絵をどう受け止めるのかが大事だと教えてくれた。

「絵を見て感じたことを言葉にしてみる。すると、他の人が、あっ、あなたはこの絵のことを見てそんな解釈をしてたの？　となる。これが面白いんですよ。

死後の世界をイメージする言葉というのは、もともと文学の中では結構あったわけですが、本を読める人、読めない人、時代的にはいろいろありますから、イメージを言葉ではなく、絵や彫刻などの見えるものとしてあらわすことで『えっ』となるんです。

今は、いろんな美術館で対話型鑑賞というのが行われていて、絵を前にして湧き上がってくる言葉をどんどん引き出していって、その集合知として作品を受け止めましょうという流れになっています」

僧侶の打本さんは、今、子どもたちの間で地獄の絵本が人気なのだということを教えてくれた。

「絵本では、悪いことをしたら地獄に落ちるという生々しい世界が描かれています。切り刻まれるわ、食べられるわ、針の先に座らされるわ、本当に血というのが生々しく出てくるんです。反面、浄土という世界はきらびやかで、さあ、私はどっちに行くんだろうかというのがまたそこで問われてくる。亡くなった先のことを皆さんはどうお考えになるかわかりませんけれど、そういった世界観を提示していくのが、仏教美術の在り方なのかなと思います。

お釈迦さまは、仏像として自分の姿をつくるなといっていたんですよね。しかし言葉の違う他民族の方々にどう伝えるのかという問題があった。お釈迦さまというのはこういったイメージだと伝えるために、絵や像ができたんでしょうね。先ほどのお話のように、伝えたい、伝えようとしたのが絵画なり美術になったんでしょうね」

イベントの最後に、打本さんが、「本当に豊かな時間を過ごさせていただきまして感謝申し上げます」とおっしゃった。

僕は、なんて素敵な表現だろうと思った。七月や一〇月のイベント、WG会議でも感じていたことなのだが、終わったあとにはすごい充実感がある。みんなと共有している時間の、何ともいえない心に沁みるような感覚。これを打本さんは、「豊かな時間」と表現した。答えのないものをみんなで共有し、考え、語り、噛みしめる。この豊かな時間こそが死生懇話会なのだと感じた。

会議の最後に知事がいった。

「打本さんが今、豊かな時間をありがとうございますとおっしゃってくださったのが、すごくぼくの心に沁みました。この滋賀県立美術館の木のぬくもりの感じられる空間で、保坂さんから絵や彫刻の解説や意味や時代背景を聞かせていただきながら、死生懇話会の関連トークイベントができてすごく良かったなあと思いました」

知事が、僕と同じ感想をいっていて、くすぐったい気持ちになった。

命のバトン

いよいよ、第四回・死生懇話会の開催が迫ってきた。

僕が担当するようになってからは最多の、一三五名の参加申し込みをいただいた。

前日の夜から会場設営を行った。今回の会場は、県庁新館七階大会議室という、だだっ広い部屋。運営事業者として委託をしているＢＢＣ（びわ湖放送）のスタッフとともに、機材を運び込んだ。今回の懇話会は、会場とオンラインのハイブリッド型だったが、ＢＢＣのスタッフがいるので、運営にあたっての緊張はいくらかましだった。何せ、ＢＢＣは生中継のプロだ。テレビ局のスタジオセットさながらの機材と、かなりの数の運営スタッフを手配してくれていた。本当に心強かった。

これまでは、技術的な部分も含めて直営に近い形で運営していたので、「ちゃんと映像が映るかな。音はクリアに届いているだろうか」という部分に神経を使っていて、正直なところ、出演者のお話をじっくりと聞いているどころではなかった。でも今回は、少し気楽に、出演者の議論を傾聴しようという心持ちで当日を迎えることができた。

二〇二三年三月一八日（土）、第四回・死生懇話会当日。

國森さんのお話と写真は、はじめから聴講者の心を掴んでいた。

「自分は、全国の小中学校で、子どもを相手に講演することもあるんですが、今回と同じ写真を見せています。写真を見せる前に、子どもたちとは一緒に数を数えています。どんな数かというと、ここに生まれてくるまでに、いったい何人のじいちゃん、ばあちゃんがいたか、という数です。

単純にいえば、父、母、二人。じいちゃん、ばあちゃん、四人。ひいじいちゃん、ひいばあちゃん、八人。ひいひいじいちゃん、ひいひいばあちゃん、一六人。

もっと遡ると、三二人、六四人、一二八人、二五六人、五一二人、一〇二四人、二〇四八人、四〇九六人、八一九二人。

この辺までは、小学生も一生懸命みんなで数えます。

続けると、一万六三八四人、三万二七六八人、六万五五三六人、一三万一〇七二人、二六万二一四四人、五二万四二八八人。そして、ついに一〇〇万を超えて一〇四万八五七六人。

一〇〇万を超えるじいちゃん、ばあちゃんのうち、一人でもいなかったら、今の自分はこのような形ではここには生まれていないとわかります。そんな奇跡のような長い長い命のバトンリレーがあって、はじめて、今、ここに自分が生きている。一人の子どもは、一〇〇万を超えるじいちゃん、ばあちゃんがつないできた命のバトンを手にした先頭ランナーとして、今ここに生きているんです。

自分の背中には一〇〇万を超えるじいちゃん、ばあちゃんがいたように、自分の未来には、何千、何万の子どもたちの命もつながっている。そんなバトンを、いつか死ぬとき、何らかの形で誰かに手渡していくんです。

命のバトンというのは、決して血のつながりだけではありません。地震や津波、戦争や貧困、病気や事故や事件、いろんな形で亡くなる方がいます。幼くして亡くなる子どももいるし、生まれてきてすぐに亡くなる子どももいるし、お母さんのお腹の中で亡くなる赤ちゃんもいます。

自分が出会った数々の人たち、写真に撮らせてもらった人たちの姿は、血のつながりだけではなく、残された人たちに、自分の人生の物語を、命のかけらを、仕事や生き様を、手渡していくような気がしています。

事故や震災で亡くなった友人、病気で亡くなった身内、それから戦争で殺された同業者、目の前で、カメラの前で、亡くなっていく人たちを見たときに、自分に何ができるかというのは、その人がここまで一生懸命生きてきた生き様をしっかりと世に残すために記録するということ、そして自分の胸の中に、心の中に刻むということ、それから日々その方々を思い出しながら、心の中で語りかけながら、そうやってその都度また刻んでいくんです。思い出しながら、語らいながら、心に刻んでいく。

人にはいろんな物差しがあります。多様性を認めて、ありのままでいられ、そして命を全うしていけるような、そんな社会が生きやすいと自分は思うんです。

命のバトンリレーを大事にできる社会を自分たちでつくっていく。そういう意識を持てたときにはじめて、遠い国で戦争が起こっていることを、自分の延長線上の出来事として捉え、その戦争を止めるための抑止力にもなれる。

自分たちが社会として、あるいは国として、そういう姿勢を持っていくことができれば、もしかしたら今の戦争だって止めようと動くような流れが生まれるかもしれないと思います」

知事は、政治家になる前はＪＲ西日本に勤務しており、阪神淡路大震災のときに駅員をしていたことを話した。新長田駅で支援勤務をしていた知事は、焼け野原になった町の真ん中に建てられた仮の駅舎で改札員をしていた。それから一六年経って東日本の震災が起こったとき、その当時毎日嗅いでいた匂いや、遺体の一部を持って帰る人たちの姿を思い出して胸が苦しくなったと話していた。

國森さんが紡ぐ言葉と、胸を突く写真、それに呼応するように皆さんがご自身の経験をシェアしたり、聴講者からリアルタイムで届くコメントに回答したりと、本当の意味での「対話」があったような懇話会だった。非常に濃密で深い時間だった。

一番の驚きは、聴講者からのコメントの多さだった。会場で全部を紹介しきれないほど、どしどし届いていた。聴講者の中には、この懇話会のファン的な存在の方もおられ、毎回参加いただいている方も何人かいるようだった。

充実の第四回・死生懇話会を終え、一年間何とかやれて良かったなと、僕は安堵の気持ちを巡らせていた。

四年目

（令和五年度）

ひとり立ち

人事異動

三月。年度末になり、県庁は人事異動内示というお祭りのような日を控え、ソワソワした雰囲気が漂っていた。通常、僕くらいの若手職員だと、三年程度は同じ課にいることが多いので、僕の異動はないだろうと想像できた。自分に異動がないときの人事異動内示は面白い。他人事として、一視聴者的な感覚で見られるからだ。

しかし、一抹の不安があった。森さんの動向だ。森さんは、年度末時点で企画調整課に三年在籍しており、異動の可能性が高かった。今年度を何とかこなせたとはいえ、森さんのサポートがなければ、ぐちゃぐちゃになっていた可能性がある。

森さんの動向次第で、僕の次年度の負担が大きく変わってくる。だから僕は、森さんに異動内示が出るかどうか、ずっとソワソワしていた。

人事異動内示当日、異動対象者の一覧に森さんの名前があった。

僕は焦った。森さんの異動先は秘書課。やっぱり異動か……と思ったが、幸いなことに秘書課は企画調整課と同じ本館三階にある。業務内容的にも関わることが多いので、いつでも相談にいけるなと思って少し安堵した。

この一年、森さんはいつも僕の隣に座っていて、雑談の延長のような感覚で気軽に相談できていたので、森さんが隣にいなくなるということは、僕はこれからひとり立ちしなくてはいけないということだ。森さんという道標なしに、果たして僕はちゃんと仕事ができるのだろうか、不安な感情を抱きながら新年度を迎えた。

今年度は、死生懇話会の新たな展開として、県民参加型の「サロン」を開催していくことを検討していた。

死生懇話会の聴講者アンケートに、「もっと参加者同士で意見交流したい」、「委員さんと直接話してみたい」という声があったので、県民参加型の「サロン」を開催しようということになったのだ。もちろんこれも森さんのアイデアが源流だ。

もともと企画調整課では、県の基本方針である「滋賀県基本構想」を県民の皆さんに周知・啓発することを目的として、これまでもタウンミーティングを実施してきた。滋賀県基本構想のテーマである「幸せ」について、多様な方々が自由に意見交流をする場だ。タウンミーティングは、どこの県や市町村でもやっている事業だと思う。

森さんと僕は、死生懇話会を担当する中で、「幸せ」の議論と、「死」「生」の議論には相通ずるものがあると思っていた。どちらも答えがない上に、誰にとっても根源的なテーマだからだ。

そこで、いっそのこと、タウンミーティングと死生懇話会をひっくるめて一つの事業にしてしまおうということになり、令和五年度の予算編成を行っていた。事業を統合することで、従来よりも総額経費を落とせるこのアイデアは、財政課の厳しい査定をくぐり抜ける観点でも有効だった。議会にも了承いただき、「サロン」を開催する予算を確保することができた。

「サロン」の運営部分については委託に出すことにしていた。僕は四月早々に仕様書を書き上げ、受託事業者を募集するための公告を、県のホームページに掲載した。

え？　本？

五月。今年度の運営方針について、知事協議の場を設定した。

企画調整課は、総合企画部の中の一つの課であるが、総合企画部の浅見部長と前川次長、それに企画調整課の犬井課長が新任だったため、知事協議資料について皆さんに説明した。

協議資料の体裁から表現の「てにをは」に至るまで、まるで校正用ソフトウェアのように、丁寧に資料を見てくださる皆さんなので、僕の拙い資料や説明で大丈夫だろうかと少し心配したが、皆さん、担当である僕の意見を尊重してくださり、思い切って取り組みを進めるよう背中を押してくれた。

僕はそれをありがたいと感じると同時に、この一年間ですっかり、死生懇話会の担当者としての自覚が生まれていると実感した。

知事協議には、犬井課長（越後課長の後任）と恩地係長と僕の三名、そこに前々から死生懇話会に興味を持っていたという知事公室長が加わった。知事公室長というのは、秘書課などを所掌する部の部長のようなポストだ。

知事室に入ると、犬井課長が知事に概要を説明し、僕が時々補足を入れた。一通り説明を聞き終えた知事がいった。

「ちなみにこのサロンというのは、死生懇話会のサロンやな？」

予想していた質問だった。

「死生懇話会というのは形としては残っていますが、死生懇話会のスピンオフというより、県の基本構想タウンミーティングと、死生懇話会でやってきた関連企画を一緒にしていくというものです」

前回の知事協議で、新しい次の展開を考えるようにと知事からいわれていたので、僕はそれに応えるべく、タウンミーティングと死生懇話会を合体するというアイデアをひっさげて知事協議に挑んでいた。これまでの「死」「生」に、さらに「幸せ」という要素も乗っけて、バージョンアップさせたつもりだった。

「まあ、そういうやり方もあるけどな、否定するわけではないけどな、なんで死生懇話会を立ち上げたのかということが薄れんようにしたいな。人は、死ぬんよ。必ず死ぬ。そこから逃げないで直視する。恐れるけれども恐れない。恐れないけれども恐れる。個人のことやからタブー、宗教と絡むからタブーというのを、タブー視せずに直視するというところから始めたのが死生懇話会や。死を考えるようになって出てきた本音とか、死を語ることによってわかってきた真相とか、死を見にいこうとして見えるようになった実像みたいなもんが、行政の施策にグリッと入ってくる。そこんところを外したらあかんのやないか？　だからぼくは、あくまで死生懇話会のサロン、死生懇話会のトークイベントというのならしっくりくる」

知事の話を聞いて、なるほど、知事はこちらが考える形でのバージョンアップは望んでいないんだなと悟った。

一年前、知事の考えと異なる提案や説明をしたときは、「しまった」「やってもうた」

「失敗した」という感情が押し寄せてきていたが、今回は全く思わなかった。むしろ、知事と目線を合わせ、ひざを詰めて議論できることが楽しいとさえ思えた。

「死生懇話会というのは、『死』が最初にくるねん。生死懇話会じゃない。死生懇話会。ぼくはここに強くこだわりを持ってる」

知事のこだわりについて、恩地係長が答えた。

「死を直視すると、『生』のことを語らないといけない。しかし、『生』について語りづらくなっているのが今の死生懇話会だと思います。どうしても、死への向き合い方みたいな話ばかりが出てきてしまうので、アンケートでも、毎回同じ死の話になる、という声がかなりあります。どう生きるかということを問いたいのに、そしてそれを施策に落としたいのに、どうしても死ばかりに焦点が向けられているんです。

それが、死を前に持ってきた良い部分ではありますが、課題を抱える部分でもあります。死と生を語る会ではあるけれど、未来を見据えた議論、例えば未来の滋賀がどうなるのが良いのか、生まれてから死ぬまでどう一緒に手をつないでいくのかなど、そんなことをしっかり議論する絵を見せたいといいますか、死生懇話会というラベルを貼りつつ、『生』のことをしゃべるステージを持ちたいなというのが今回の考えです」

恩地係長は、僕の想いをしっかりと伝えてくれた。

恩地係長については、これまであまり触れてこなかったが、僕にとっては森さん同様、すごく貴重で重要な存在だ。恩地係長は、ときに俯瞰で、ときにもみくちゃの距離感で、いつも一緒にアイデアをひねり出してくれる。

「そうか、いつも『死』やったな……。でもそれによって語れたこともあったし……」

知事はそうつぶやいていた。これまでの懇話会のことを思い返しているように見えた。

「そうやな。そういう思いでやってみたいという考えはわからなくもないし、うん、いいと思う。ただ、原点を忘れずに持っておきたいなと思う。これまで関わってきてくれた人たちにも、これからどういうやり方をしていきたいか聞いてみたいな」

知事は、真っ直ぐに僕の目を見ていった。

死生懇話会は当然知事だけのものではない。これまで一緒に議論を重ねてきた委員の方々、参加してくれた多くの県民の方々とつくり上げてきたものだ。知事の意見に同意した。この協議が終わったら早速、委員の皆さんにも聞いてみようと思った。

「ぼくらはまだまだ死について十分に語れていない、見にいけてないんじゃないかな？　だから未来の滋賀県の形なんていうところに簡単にいっちゃいけない。それを議論することはいいけど、それは死生懇話会のステージじゃないのかもしれない」

僕はこの知事の言葉を、死生懇話会の根本を大事にせよということだと解釈した。

「もう一つな、せっかくやってきたものを何らかの形で世に問う方法がないやろかと思うてな、公室長、死生懇話会を本にしたらどうやと思う？　もちろん関わってくださった方の承諾がないといけないが」

――ほ、本……？

「死生懇話会を本にするということですか？」

知事のあまりに唐突なアイデアにびっくりした。実は森さんから、知事が死生懇話会の書籍をつくりたがっていると聞いたことがあるが、僕は冗談だと思っていた。だが、知事の表情は真剣そのものだった。豆鉄砲を食らった鳩のような顔をしている僕を尻目に、知事は続けた。

「コロナがあって大変やったかもしれんけど、死生懇話会が誕生して、動き出した過程をまとめて本にするのは、死や生を世に問うチャンスやと思う。今、この時代に考えた『死生』というものを、何かしら形にしておきたい」

「一度、出版社の知り合いに当たってみましょうか？」

公室長が、すんなりといった。本にまとめることについては、知事公室長への問いかけだったので、公室長が答えたのだ。

「うん。サロンとトークイベント、そして三本目の柱はそれで」

知事はノリノリだ。

——公室長、ほんまにやるんですか？

僕はそういいたい気持ちだったが、この場のトップ二人が手を握ったからには検討しないといけないだろうなとぼんやり考えると同時に、僕たちの前で書籍化のことを宣言するために、側近の公室長を同席させたのではないかと勘繰った。

知事協議を終え、知事室を出たところで、僕は公室長に聞いた。

「書籍化できますかね？」

僕の不安げな問いに、公室長は答えた。

「うん、出版社の知り合いに一回聞いてみる。所要額がわかれば予算も積めるしね。一回打ち合わせできたらイメージをつかめると思う」

——いや、公室長、違う違う、そこじゃない。

——もし予算が取れても、全然内容のイメージがわかへんのです。

心の中でそうつぶやきながら、公室長が出版社の知人に相談するのを待つこととなった。

難しい宿題

六月になって、公室長の知人の出版社の方とオンラインで打ち合わせをすることになった。東京の大手の出版社だった。普段あまり本屋に行かない僕でも聞いたことがある出版社だったので、さすが公室長、顔が広いな、と思った。

公室長の直接の知人は編集者ではなかったが、その方が編集部の部長さんに話を通してくれたので、まずはオンラインで打ち合わせをすることになった。公室長にも同席してもらうことになった。

僕は、編集部の部長さんに、死生懇話会がどういったものかを説明し、知事の発案により書籍化を検討していることを伝えた。そして現実的な話として、書籍化に係る経費やスケジュールなどについて教えてもらった。先方からは、次のようなご意見をいただいた。

○　誰に何を伝えたいのか、ターゲットは誰か？　それがはっきりしないと本にならない。

○　どの層を読者にするかにより、タイトル、売り方、帯が変わってくるし、書店でどの棚に並ぶかも決まってくるので、そこを決めることが必要。

○　「孤独」をテーマにした書籍は、読者の注目度が高い。

○　第一回議事録を読んだが、本としてのまとまりをどうするのかが非常に難しい。

○　先進的な事例として、行政向けのメッセージとするのか。高齢者向けのエピソード集として出すのか。（第一回議事録を読んでの印象）

○　章立てのイメージが非常に難しい。簡単につくるなら、ゲストスピーカーの講演を各章の頭にして、各委員との座談部分をつなげていくのが、まとまりやすい。

○　あと二名くらいのゲストの講演が欲しい。

僕は、出版社からの意見を聞き、意外と本気で考えてくれているんだなと思った。正直なところ、こんな企画は無理だと一蹴されると思っていたので、好感触の印象を持った。同席していた公室長や恩地係長も同じ気持ちだったようで、早速、知事に報告しようという運びになった。

ただ僕は、好感触という印象と同時に、難しい宿題を出されたな、どうしようかな、という感想も抱いていた。というのも、誰に何を伝えたいのか、どの層を読者にするのかという問いに、はっきりとした答えを持っていなかったからだ。

死生懇話会は、その性質上、聴講者の属性を絞ったり、懇話会のテーマを限定したりしてこなかった。しかも知事は、まとめなくてもよいというスタンスなので、書籍として成立させる条件と、死生懇話会の性質がジレンマになるだろうと感じていた。

また、ゲストスピーカーの講演を各章の頭にして時系列につなげていくという提案をいただいて、それであれば何とか形になるだろうなと安堵する一方で、僕のような素人が下手に書いてしまうと議事録集のようになってしまい、本としてはあまり面白くはならないんじゃないかという不安が頭を離れなかった。

「砂漠に水を撒くようなキャンペーンをやるよりも、滋賀が大事にしている根源的なことを本にして、それが世に出れば、最大のＰＲ効果になるかもしれへんよな。観光のＰＲもいいけど、それとはまた違った、意味のある広報になるかもしれん」

知事の書籍化にかける思いを聞いたとき、書籍化に向けた予算編成と内容について本格的に考えていかなければならないと覚悟を決めた。ひどく難しい宿題を与えられた気分だった。

「弱さ」を力に

四月に公告していた「サロン」の運営に関する受託事業者の募集には、二社から応募があり、それぞれの企画をヒアリングする審査会を行った結果、株式会社いろあわせ（※以下、いろあわせ）という会社にお願いすることになった。

いろあわせさんの提案は、「滋賀県基本構想」のテーマである「幸せ」という概念がかなり入ったものだった。四月に公告を掲載した段階では、僕もどちらかというと「死」というよりは、「生」、その中でも「幸せ」というテーマに重きを置いていたが、五月の知事協議の際に、まだまだ「死」をど真ん中にテーマに据えることが必要だという知事の思いを聞いたので、そのことも踏まえていろあわせさんと協議を重ねた。その結果、サロンの名称を「死生懇話会サロン」にして、「死」「生」を中心に置いて運営していくことにした。

受託事業者も決まり、「死生懇話会サロン」のイメージはある程度できてきた。それと同時に、今後二回予定している「死生懇話会トークライブ」のゲストスピーカーを誰にしようかと考え始めていた。

今年度から、僕が単独で死生懇話会を担当することになったこともあり、せっかくなら僕の色を出したゲストをお呼びしたいなと思っていた。企画力や調整力では森さんに勝てるわけもないが、唯一対抗できるところがあるとすれば、僕の若さかなと思っていた。（森さん、すみません）

僕は、僕と同世代の二〇代や三〇代の若い方にも興味を持ってもらえるゲストを呼べたらいいなと思っていた。そんなことを考えながら、いろあわせさんと相談しつつ、ちょこちょこと候補者をリストアップしていたとき、秘書課職員からチャットが飛んできた。

「知事が、今日の新聞記事に載っている方に死生懇話会で話してもらうのはどうかといっています」

早速新聞をチェックすると、ある新聞の夕刊に、文筆家の土門蘭さんの著書が紹介されていた。（ちなみに知事の思いつきは、このようにしてどんどん飛んでくるが、全部は拾えない）

著書のタイトルは、『死ぬまで生きる日記』。

これは！　と思い、すぐに本を読んでみることにした。

本の内容は、幼いころから毎日のように「死にたい」と思い続けた土門さんが、カウンセラーさんと交わした内容をもとに書かれたものだった。土門さんには、自殺したいという願望ではなく、ただただ死にたい、消えたいという衝動があり、その発作のような衝動と付き合いながら、真摯に「死」と「生」に向き合う姿が、切々と本に綴られていた。

この人のお話を聞いてみたいと強く思った。それは担当者としてというより、一人の若者としてのものだったと思う。

早速、次のWG会議で、土門さんをゲストに呼ぶ提案をすることにした。

トータルで九回目となるＷＧ会議を、六月二一日に開催した。
このときのＷＧ会議のテーマは、「弱さを考えてみよう」。
なぜ「弱さ」か。それは知事が、二〇二三年の年始の挨拶のときにこういっていたからだ。

――ぼくは、「弱さこそ力、強さ」ではないだろうかと、最近考えるようになりました。とかく個々の強さや強みを強調する昨今だからこそ、見た目も、心も、つながりも、県政も、「弱さ」を大切にしたい。「弱さ」を隠さず表明・表現し、支え合いを追求し、暮らしや仕事、行政に実践していきたいと思います。

この表明は、二〇二〇年に、「死」「生」について語ったときと似ていた。知事は職員に、思想的なものを投げかけたのだ。僕はその放送を聞きながら、これは「死生懇話会」から着想したものかなと勝手に想像していた。

行政組織において、「弱さ」を打ち出していくことはまずない。「滋賀県にはこんな素晴らしい観光地がありますよ」とか、「滋賀県の人はみんな健康で長寿ですよ」とか、「琵琶湖を中心に素晴らしい自然環境がありますよ」とか、ある種「強さ」を打ち出していくことがほとんどだ。

また、障害のある方や高齢者など、弱い立場にあるといわれる人に対しては、行政のある種「強さ」でもってサポートしていく。施設を整備し、相談しやすい体制を構築し、人々が暮らしていく上での弱点を補っていく。それこそが行政の意義といっても過言ではないかもしれない。

そんな中、行政のトップである知事が「弱さ」を大切にしようといい出したので、県庁職員の頭の中には、またまた「？」が浮かんだに違いない。

僕の頭の中にも、この知事の言葉がずっとあったので、今回のテーマは、「弱さ」についてみんなで考えようということにした。恩地係長に相談すると、「お、いいやん」と背中を押してくれたので、「弱さ」から連想されることを考えるワークショップをやってみることにした。

知事というボスが、「弱さ」をシェアしようと宣言している県庁で、職員が「弱さ」を語る。まずは参加職員それぞれの「弱さ」をみんなと共有し、「弱さ」を受け入れる。そしてその先に、それぞれの仕事に生かせることはないかと考えてみる。

「弱さ」について考えるワークショップでは、次のような意見が出た。

○「強さ」を表明するのは、自分に自信があればそれで足りるが、「弱さ」を表明するには、相手への信頼がないとできない。

○周囲に対して信頼が置けないから「弱さ」を表明することに抵抗があるのではないか。

○コロナが流行していたとき、自分はコロナを恐れていたのではなくて、コロナに感染した自分がどう思われるかを考えて、感染したことをいえなかった。

○医療技術で感染症に立ち向かうことはできても、それが確立するまでは、感染したことすら周囲に漏らせない。周囲の目に恐ろしさを感じていた。

○医療分野では、緊張と弛緩。特に弛緩が大事。緩める、弱めることの大切さ。社会にはその部分がなく、超緊張社会。弛緩社会という発想が大事かもしれない。

○人を信じられないのは、絶対的な弱さじゃないかと思っている。人は、「強さ」ではつながれない。「弱さ」でつながるものではないか。飲み会なんかは「弱さ」を見せ合う場だったのかもしれない。

「強さ」を表明するのは自分に自信があればそれで足り、「弱さ」を表明するには相手への信頼がないとできないというのは、アドバイザーとして参加してもらっている上田さんの意見だった。

上田さんはよく、「弱さ」をさらけ出すということは、暗闇に飛び込むようなものといっていて、飛び込む先の空間や社会や人間を信頼できないと、とてもじゃないが飛べないという。そういう意味では、「弱さ」を大切にしようという知事の投げかけは、行政として非常に大切な視点なのかもしれないと感じた。

この会議で、土門さんのことを紹介し、賛同を得たので、早速いろあわせさんと相談し、土門さんに出演交渉をすることにした。著書を読んだこと、本の感想、死生懇話会のこと、ゲストとして出演していただきたいことなど、想いの丈を綴り、すごく緊張しながらメールを送った。

出演依頼のメールを送るのはいつも緊張するが、今回の送信先は文章のプロだ。文学部出身の僕には、文章のプロに対して並々ならぬリスペクトがある。自分にはクリエイティビティの欠片もないと自覚しているので、クリエイティブの巨人のような人に対して、すごく緊張してしまうのだ。ダサい文章だと思われないかな、文章を通じて自分の幼稚さを見破られないかなという不安を抱きながら、返信を待つことになった。

土門さんからの返信はすぐに届いた。

土門さんは、「死生懇話会」というものに興味を持ってくださったようで、日程も大丈夫ですということだった。何の接点もない、滋賀県庁職員からの唐突な依頼に、快く応じていただいたことに感謝した。

死生懇話会サロン

八月に入り、「死生懇話会サロン」の広報を開始することになった。

九月から来年の一月まで、月に一度のペースでサロンを開催することになり、死生懇話会の委員の方々には一回ずつ出ていただくことになった。

各委員と親和性がありそうなテーマを決定し、サロンのチラシのデザインは、受託事業者のいろあわせさんが作成、さすがにプロの仕事で、思っていた以上の素晴らしいデザインだった。

「死生懇話会サロン」では、若者も含めた幅広い世代に参加してもらうことを念頭に置き、ゲストの講話のあとは参加者同士がテーブルトークを行うこととし、進行役は大学生に務めてもらうことになった。大学生の就活支援業務も行っているいろあわせさんが、県内外の大学にコネクションがあることから、興味のありそうな大学生に声をかけてくれたのだ。

時系列は乱れるのだが、サロンについてはまとめて紹介したいと思う。

○第一回目は、九月一六日（土）、会場はプロシードアリーナＨＩＫＯＮＥ
テーマは、『生きづらさと居場所～「弱さ」を認め合う社会～』
ゲストは、ミウラユウさん

○第二回目は、一〇月一一日（水）、オンライン
テーマは、『デスエデュケーション』
ゲストは、藤井美和さん

○第三回目は、一一月一〇日（金）、オンライン
テーマは、『死んでいるとはどういう状態～ＶＲ時代の弔い～』
ゲストは、打本弘祐さん、横田親さん

○第四回目は、一二月一〇日（日）、会場はキラリエ草津
テーマは、『ＡＣＰ（人生会議）と死生観～人生の最終章を考える～』
ゲストは、楠神渉さん、越智眞一さん、岡本真梨子さん

○第五回目は、一月一三日（土）、オンライン
テーマは、『「死」を殺すのは誰なのか』
ゲストは、岡本真梨子さん、上田洋平さん

参加者は、先着順で各回三〇名。参加者の中には、がんで闘病中の方、福祉の仕事をしている方、就職活動中の大学生、中学生など、様々な年代の方がいた。

大学生たちが丁寧に進行してくれたことで、一〇代から八〇代までの参加者の方々は活発な意見交流ができていたように思う。参加者アンケートにおいて、満足度は五点満点で平均四・五点、約六四パーセントの方が五点満点をつけてくれた。

僕が特に印象的だったのは、サロンにすごく感銘を受けた方が、「こういったサロンを自分が主催者としてやってみたい。行政だけでなく、一個人、一団体が取り組みの輪を広げていくということもあっていいかもしれませんね」といってくださったことだ。

また、中学生の参加者は、大人と交流できるオンラインサロンに興味を持ったので参加したとのことだった。その中学生は、学校生活で悩みを抱えていたようで、学校とは全く関係のない、自分を全く知らない人たちと自由に意見交流してみたかったと話してくれた。場が温まるにつれ、いきいきと会話を弾ませ、楽しそうに交流してくれている姿を見て、すごくうれしくなった。

サロンに参加された方からいただいたコメントで多かったのが、「心理的安全性が保たれていて良かった」「考えを押しつけられない場で良かった」というものだった。これは非常にうれしいコメントだった。

「死生懇話会」やこれに関連する取り組みは、どう生きる、どう死ぬのがいいかといった価値観を押しつける場にならないように意識してきた。そのことを事務局からアナウンスしていたわけでもないのに、実際にサロンに参加いただいた皆さんに、僕たちが大切にしている理念のようなものを感じ取っていただけていることに手ごたえを感じていた。

僕が所属している企画調整課は、文字どおり県政全般の企画調整を担当するセクションであり、県の総合計画などの進捗管理などを行っている。いわゆる内部管理事務が中心のため、普段は県民の皆さんの顔を見ることはあまりない。だから直接皆さんとお話しできる機会を得て、とてもうれしかった。

入庁して最初に配属された障害福祉課では、県民の皆さんからの電話に対応することも多くあった。激怒されることもあったが、感謝されることもたくさんあった。県民の皆さんの声を聞ける喜び、そんな初心を忘れかけていたことに気づいた。

僕らは、県民福祉の向上のために働いていることを忘れてはいけない。「死生懇話会サロン」を運営していく中で、そういう気持ちがふつふつと芽生えてきた。

出版へ向けて

サロンという取り組みを円滑に運営していくかたわら、そろそろ死生懇話会書籍化プロジェクトを本格化しなくてはいけない時期にきていた。県庁では、来年度予算に向けて、毎年九月に予算編成方針が決定する。それに沿って、来年度予算の編成を各部において行う。この年も例年通り、九月から具体的な事業積算をスタートすることになっていた。

まずは出版化に際して、どれだけの金額がかかるのかということを調査していく必要がある。公室長が紹介してくれた東京の出版社へのヒアリングなどで、ある程度の方向性は見えてきていたので、来年のプロジェクトは、この出版社にお願いする前提で予算を編成しようと考えていた。

そんなある日、出版化プロジェクトについて他部署の職員と話す機会があった。

「ほかの出版社には企画書を送ったん？」

彼にそう聞かれ、あ、そうかと思った。僕には、他の出版社に企画書を送るという発想が全くなかった。出版に関しての知識も経験もなく、なんとなくコネがありそうなところに話をして、なんとなくやってくれそうだからお願いするという、機械的な発想しか持っていなかった。

本来、本を出したいと思う人は、いろんな出版社に企画書や原稿を送っているだろう。そんな労力をつぎ込んでいない自分は、役所の看板に甘えているんだということに気がついて反省した。

役所から、「本を出したいんですが、一緒にやりませんか？」といわれたら、応じてくれるところはいくつかあるだろう。でも、そういうことではないのだ。

死生懇話会というものを知ってもらい、興味を持ってもらい、その上で一緒にやりたいという出版社を探すのが、僕の大切な役目だと思った。

死生懇話会を担当するようになってから、僕はアイドル事務所にも電話したのだ。メールやファックスで企画書を送ることにビビッていてはいけないと思い直した。

急いで企画書を作成し、インターネットで出版社をいくつか探し、そのホームページに書かれている連絡先に企画書をファックスした。

役所から企画書が送られてくるというのはあまりないのかもしれないが、出版社というのは、企画書が送られてくることには慣れているのだろう。すぐにあちこちから返事が届き、具体的な費用がその返事の中に記載されていた。

しかし、それはあくまで、こういう表紙で、こういう紙質で、二〇〇ページならいくらですといったきわめて事務的な返事だった。もちろん、予算を編成していく上で、具体的な所要額は必要だが、僕が求めていたのは、「死生懇話会」の取り組みに興味を持ってもらい、その上で具体的な相談をしたいということだった。

――まあでも、相手からしたらビジネスやしな。そらこんなもんよな。

僕は少しモヤモヤしながらも、自分を無理矢理納得させようとしていた。そんなとき、文芸社という出版社から電話があった。メールではなく、「電話」があったのだ。

その電話は、文芸社の越前さんという方からだった。

「直接お話を伺いたいと思い、電話をしました」

電話口から聞こえてきたその言葉が、すごくうれしかった。興味を持ってくれているように感じた。越前さんは、企画書に記していた「死生懇話会」のホームページから、過去の議事録や動画も少し確認してくださっていた。その上で、どうしてこれを本にしたいのか、どうして発信していきたいのかということを、直接僕に聞きたいということで電話をしてくれたのだ。

もちろん、企画書に趣旨やイメージは記していたが、その真意を確かめようとしてくれたことがうれしかった。その電話で一通り趣旨を説明し、こちらの本気度を伝えた。越前さんは前向きに捉えてくださっている印象だった。そして越前さんは、近日中に見積書を郵送するといってくれた。

数日後、見積書が届いた。そこに記されていた金額は、こちらが積算していた所要額の範囲内だったが、それ以上にうれしいことがあった。封筒の中には、見積書以外に、出版業界の基礎基本についてわかりやすくまとめられた書類が入っていた。

もちろん僕は本を出したことはないし、県庁としてもこういった形式で本を出すことは今までない。だから出版という行為自体の知識やノウハウは全くないといっても過言ではなかった。この前の電話のやりとりで、しきりに僕がそんなことをいっていたからなのか、素人の僕にでもわかるような書類を同封してくれたのだろう。それがすごくうれしくて、すぐに越前さんにお礼の電話をした。

「出版というものが、どういうものかわかっていただいた上でお話を進めたほうがいいかと思いまして。基礎基本ではありますが、まとめたものをお送りしました。他の出版社さんとタッグを組むことになられても役に立つと思いますので、参考にしていただければと思います」

越前さんの誠実な言葉を聞いて、僕は、この人と仕事をしたいと思った。

そのあと、恩地係長にも同席してもらい、越前さんとオンラインで具体的に話をすることになった。

オンラインの画面に映った越前さんは、僕が大好きなおじさんだった（笑）。なんというか、タバコの香りがする「ザ・出版社」みたいな雰囲気の人だった。（これはあくまで僕の勝手なイメージなので、違っていたらすみません……）

　僕の父も愛煙家だったので、なんとなくそこにも親近感が湧いて話しやすかった。その打ち合わせで、出版業界の実情や出版のポイント、具体的な所要額、スケジュールなどを改めて教えていただき、加えて、「死生懇話会」をどういう形で本にまとめるのかという内容の話までできた。

　僕はとにかく、「まとめる」ことを前提に考えていたので、時系列に、三人称視点で書くことしか頭になかった。でも越前さんは、さすがプロ。例えば、僕が主人公として語る一人称でもいいのではというアイデアをくださった。僕の中にそんな発想は全くなかった。

　このときは、そんなことできるんかなという印象を持ったが、実際こうして一人称書きの本が出来上がっている。こんなチャレンジができたのも、答えのない「死生懇話会」を担当してきた経験と、僕なりの成長があったからだと振り返っている。こうして死生懇話会書籍化プロジェクトに、一筋の光が差し込み始めた。

さて、死ぬって何でしょう

一〇月になった。

土門さんがゲストの「死生懇話会トークライブ」が一か月後に迫っていた。これまで土門さんとはメールのやりとりだけだったので、一度お会いして、感謝の気持ちを直接お伝えするとともに、当日の段取りなどについて説明したいと思っていた。

そこで土門さんにお尋ねしたところ、土門さんのご自宅の近くの喫茶店で会えることになった。このことをWGメンバーの「本の虫」遠藤さんに伝えると、「自分もぜひお会いしたい！」となり、一緒に行くことになった。

喫茶店でお会いした土門さんは、とても聡明でセンスのある人という印象だった。うまく言葉にできないけれど、ふんわりとした空気感があり、この人に来ていただけることになって良かったという気持ちに包まれた。

当日の段取りや、土門さんに打診した経緯（知事が新聞で土門さんが紹介された記事を見つけたこと）などを説明した。

同行した「本の虫」遠藤さんは、死生懇話会のことそっちのけで、個人的に気になることを質問攻めしていた。土門さんは、表現者として気をつけていること、わかりやすく相手に伝える文章をつくるために意識していることなど、ある種、お金を払って教えていただくようなことを、一つひとつ丁寧に答えてくださった。

僕も、個人的に運命めいたものを感じたことがあった。

世間話をしながらの別れ際、「最近、ボクシングを始めたんです」と土門さんがおっしゃったのだ。びっくりした。僕も趣味で県内のボクシングジムに通っている。普段、同僚や友人に、ボクシングをやっているというと、すごく珍しそうな反応をするし、ましてや実際にやっている人とこれまで出会ったことがなかった。

だから僕は、土門さんがボクシングをやっていると知ったとき、ボクシングをやっている自分がなんだか誇らしかった。素敵な人と意外な共通点を見つけると、こんなにうれしい気持ちになるんだなあと思った。

土門さんとお会いしたあとの一〇月三一日、第一〇回・WG会議を開催した。

今年度二回目のWG会議には、ゲストとして横田親さんに来てもらうことになった。

横田さんは、受託事業者のいろあわせさんが、一一月の「死生懇話会サロン」のゲストとしてセットしてくれた方だが、僕の中に、横田さんというのは何者なんやという思いがずっとあった。

横田さんは、民間企業での勤務を経て、市議会議員をされていたこともある。いろあわせさんから提案をもらったとき、横田さんについていろいろと説明をしてもらい、いわゆる「ちゃんとした人」というのはわかっていたのだが、見た目がうさんくさかったのだ（すみません）。しかも仕事ではなく、趣味でオンライン寺院「エア寺」をつくり、仏教について語っているらしいから、かなり個性的な人なんだろうと思っていた。

全五回の「死生懇話会サロン」のうち、どうしても横田さんの回だけが、どういったものになるのかイメージが掴めなかったので、県職員だけで行うこのWG会議を、ある種、本番前のリハーサルにしようというのが本音だった。

なので、一一月のサロンのテーマ、「死んでいるとはどういう状態」を、今回の会議でのテーマとし、会議を行うことにした。

県職員だけで行うWG会議と、一般参加者がいる「死生懇話会サロン」で同じテーマで意見交換したら、果たして同じような意見が出るのか、それとも全く違うことになるのか、そんなことにも興味があった。

「さて、『死ぬ』ってなんでしょう」

横田さんは、こんな言葉から話し始めた。

「呼吸が停止し、身体活動が停止し、その人と二度と会話ができなくなること。そして今は、ＳＮＳにそれぞれのアカウントがありますが、本人が二度と触らないアカウントのことを『死んだアカウント』と呼ぶことがあります。ということは、生きている人でも、ＳＮＳ上では死んでいるともいえるわけです。

さて、そうするとです。ＡＩ技術がどんどん進化している今、言語生成ＡＩ、つまりチャットＧＰＴのようなサービスと、音声認識やパターン化技術などの組み合わせによって、自分がそこにいなくても、自動で返答してくれることは容易になると予想されます。つまり、アカウントが活動を続けてくれるので、事実上は死なないのです。

Ｚｏｏｍなどのビデオチャットでも、顔出しを強要するのはパワハラともいわれる時代です。代わりにＶＲで登場することも十分に許容される世の中になりつつあります。ＶＲじゃなくても、画像生成技術で、体調の悪い自分のリアルな顔を映すことなく、体調の良い自分の顔を映しておくなんてことも可能でしょう。となれば、その人がそこにいなくても、技術的には存在していると感じさせることができるようになる時代が、もうすぐそこに来ています。

主観的な死は、認識を失うことなのではないかと、おそらく多くの人が予想していると思います。僕もそうです。客観的な死は、肉体的な死を認識できればわかりやすいですが、その人の肉体が死んでいることに気づかず、何年もその人が遺したＡＩとやりとりを続け、逆にそのＡＩに見送られるようなことになったとき、その人の死を認識することなく、自分が先に逝くことになったと認識するかもしれません。

死んでいるとは、何のことをいうのでしょうか。もし答えがあるとしたら、それはなぜでしょうか」

上田さんがいった。

「誰も、自分自身の死を経験できない。他者に経験してもらうことではじめて完成する。他者から死を認識してもらうというのは、ある種のギフトみたいなもので、相互作用が大きく関わってくるのかなと思います。

人間というのは、体が動かなくなっても文化の中で生き延びていく、その人の言葉や業績、存在というのが、後代へ伝わっていくという特異な生き物。さらにそこにＡＩなどの科学技術が入ってくると、まさに科学による『不死』が実現するんですね」

僕は、知事に聞いた。

「知事にとって、死んでいるとは？」

「生きていないこと」

知事は即答した。単純なようで、深いようにも思える一言だ。

呼吸が止まっているなどの生命維持機能の停止という死ではなく、人生の喜怒哀楽を感じるとか、人や芸術を愛するとか、そういう生きている実感がなくなることを死だといったのだろう。

この本を読んでいる公務員の人は、この会話をどう思うだろうか。末端の職員が、知事に対して、あなたにとって「死」とは？　と問うたのだ。普段僕たちは、財務部の者ですがとか、企画部の者ですがというふうに、肩書きや役割をもって、あたかもそれが自分自身であるかのように語ってしまうが、そうではない。死生懇話会では肩書きや立場を超え、自由に話すことができる。いいことだなとしみじみ思った。

予定調和が一切ないこの会議、誰が何をいうのか全く予想できないし、そしてそれを怖いとも思わない。この会議をやっているときは、自分が公務員じゃないような感覚に陥る。知事もそうだと思う。それが大事なんだろうなと思った。

近ごろの知事は、「死生懇話会をやるようになって、ぼくはやさしくなった」と公言している。その真偽のほどは定かではないが（笑）、この仕事をしていると何か心に働きかけられるような感覚がある。それが、「死生懇話会」の核なのかなと思う。

死生懇話会・トークライブ

一一月二三日（木・祝）、トークライブを開催した。

県庁の大会議室において、対面とオンライン合わせて、約一四〇名の方に参加いただいた。テーマは、『「死にたい私」と向き合う』。

当日、知事の前の公務が長引いていて、知事は開始二分前に県庁に到着した。

恩地係長が、庁舎入口まで知事を迎えにいき、知事は到着するなり、ダッシュで会場に入った。イベント開始三〇秒前だった。知事には一息ついてもらう暇もなく、すぐにトークライブはスタートした。

まずは知事の挨拶。

「皆さま、ご参加いただきまして、ありがとうございます。また土門さんにおかれましては、大変お忙しいところお越しいただきありがとうございます。

ぼくは今日ここに来る前に、草津にお住まいの山本栄策さんという一〇三歳の方のお家に行ってきたんです。戦争を体験され生き延びられ、そして子どもたちに戦争体験をお話しくださっている方なんです。

その方がお書きになった『百二歳の旅人（前編）青春の志と躍動』という本をいただき

まして、一言書いてくださいとお願いをしたら、こう書いていただきました。

人は人に生かされ、人は人を生かす。

これは大変素晴らしい言葉だなと思いながら帰ってきたんですが、土門さんのお言葉を借りれば、私たちは『死ぬまで生きる』ことになりますね」

知事の挨拶のあと、土門さんは静かに、ご自分の人生のことについて語り始めた。

一〇歳のころから「死にたい」と感じ始めたこと、大人になってもその感情が消えずに心療内科へかかったこと、うつ病だと診断されたこと、そんな中でも常に日記を書き続けていたこと、そこにとことん本音を綴ったこと、そのあと、カウンセラーさんに相談するようになったことなど、死にたいと思いながらも生きてきた人生のことを語ってくれた。


【土門さんのお話より】


どうして死にたいって思っちゃうんだろうというのがわからなくて、すごく嫌でした。

「何でも話していいよ」といってくれる友だちはいたんですけど、死にたいといっても困らせるだけだし、迷惑をかけてしまう。

「どうして死にたいって思うんだろう?」というのは、「どうして私は生きてるんだろう?」という問いにもなります。ですからこの本は、ある意味で、生きる意味を探し続けた二年間の記録だったなと、今は思っています。

カウンセラーさんのこんな言葉がありました。

「自分の心の穴は、自分にしか埋めることはできません。その穴を埋めるには、まず形を確かめないといけない」

たぶん私はカウンセリングを受けながら、自分の心の穴みたいなものを確認していたんだと思うんです。それまでは、その穴を埋めないといけない、もしくは「見たくない」と目をそらし続けていた。

でもそうじゃなくて、カウンセリングをする中で、手をペタペタと当てるように「自分の心の穴はこういう形をしていて、こういう質感なんだ」というのがわかってきた。「手当て」という言葉は、「手を当てる」と書きますが、そうやって自分の心の穴を確認することで、ある意味で自分自身をケアしていたし、自分自身を慈しんでいたんだなと思います。

そうしながら私は、過去を捉え直せるようになりました。私にはこれまで「理想の自分」があったんです。死にたいと思わないで楽しく陽気に生きていきたいという理想があって、そこに向かって努力をするタイプの人間だったんですね。

周りからは、「すごくがんばり屋さんだね」「目標があっていいね」といわれていたし、自分でもそう思っていたんですが、それは逆にいうと、本当の自分をずっと否定し続けていたということでもあるんです。

自分の穴を確かめることによって、「そうか、だから私ってこうなんだ」と気づけるようになりました。カウンセリングって基本的には未来のことではなくて、過去のことをずっと追っていくので、自分がどこで生まれて、どういうふうに育って、どういう親に育てられてきたのか。どういう人間と会って、何を感じてきたのかということを、一個一個思い出し直していく作業なんです。その作業をすることにより、「だから今、私はここにいるんだ」と、足元がしっかりするような感覚がありました。

過去の積み重ねが今の自分だということがわかってくると、これまでは未来から見て、今の自分を理想の自分に変えていかないといけないと思っていたことに気づきます。過去に意味づけができるようになると、ある意味、「人生を物語化する」ことができます。

自分の人生を物語化できるようになると、過去を受け入れられるようになるんだということが、体験としてわかりました。そうなると、過去のことを慈しめるようになる。カウンセラーさんから、「過去は変えられなくても、捉え直すことはできます」といってもらいました。

死にたいという気持ちがなくなったわけではありません。ただ、頻度は落ちました。変われない自分に落ち込むこともありますが、自分が前に進もうとしている限り、グルグルとらせん状に上がっていっているような気がします。見ている風景は同じでも、見ている高さ、視点が違うような気がします。焦ることはないといってくれるカウンセラーさんの言葉に励まされながら、死にたいと思う自分を否定しなくていいんだと思えるようになりました。

土門さんは、真摯に胸の内を語ってくれた。

講演が終わり、フリートークに移ったとき、進行役の上田さんが、いきなり知事に聞いた。

「死にたいと思ったことはありますか？」

「ぼくは、土門さんの『死ぬまで生きる日記』を読みながら、自分が死にたいと思ったことってあったかなと改めて振り返っていたんですけど、ぼくはないかもしれません。

今、土門さんのお話を聞いていて、自分のテーマみたいなことの見つめ直し、問い直しをすることは誰にでもあることだろうなと思いました。ぼくはこの二、三〇年、自分が生きてきたこととか、持っている力をどう生かすか、などということをずっと考えてきた。それがぼくのテーマだった。だからそれを、ミラーリングっていうのかな、認知行動というのかな、自分を振り返ることってすごく大事なことなんだなあと感じました」

上田さんは、知事が年始の挨拶で、「弱さを大切にしたい」といったことを聴講の皆さんに伝えた。

「知事、いや、三日月さんは、政治家なのに面白いですよね」

「上田さんはよく、ぼくのことを、おかしい、めずらしい、不思議だっていうんですが、ぼく自身は全然そう思ってなくて。コロナのときはわからないことが多くて怖かったじゃないですか。でも知事や行政は、テレビに出て、わかったようにしゃべらんとあかんことが多くて、でも知ったかぶってしゃべると全然聞いてもらえないんですよ。

ところが、いや、ぼくもわからないんです。ぼくも怖いんですといった瞬間に、みんなが、同じなんだって見てくれはる。そうか。わからないことはわからない、怖いことは怖いっていったほうが、みんなと話ができるんかと思ったんです。せやからぼくは、弱さをいえる滋賀にしたいと思ったんです」

土門さんが、それに対してこういった。

「これからはＡＩの時代だといわれていますが、人間にしかできないことは、矛盾を内包することだと思うんです。ＡＩは問題を解決し、『わかる』ことのプロだと思うんですが、人間は、わからないこと、強さと弱さを同時に抱えながら生きていくことができる存在なんじゃないかなと思っています。多分それが、人間の非常に強い特徴なのではないかと。なんだかわからないけど涙が出るとか、なんだかよくわからないけどすごく惹きつけられるとか、そんなふうにわからない部分、わかったと思っても割り切れずに残る何らかの感情、その人間臭いものを、むしろ大切にするべきではないかと思います。

矛盾、葛藤、割り切れなさなどは、むしろ持っておいたほうが、人間的魅力になるんじゃないかと思います」

知事が土門さんに聞いた。

「土門さんは、ＡＩにも相談していたんですか？　死にたいと思うんだけどどって」

「はい、何回かＡＩにも相談してみたんですよ。全然やる気が起きないんですけど、どうしたらいいですかと。ＡＩからは、まずはタスクを洗い出してみましょうといわれました。さらにいろんなことを聞いていると、専門家に相談してくださいといわれました。

ＡＩがいってくれることって、自分でもわかっていることなんですよ。でも私たちはわからない部分で悩んでいるので、それを共有できるのは、人間にしかできないことだろうなと思います」

「土門さんの本の中に、人間は本能的に幸せに対して恐怖を感じるのだと書いてありました。今、滋賀県では、『変わる滋賀　続く幸せ』という方向で、幸せが続くことを願っているんですけど、幸せを感じると、その瞬間に、それを失っちゃいけない、嫌だっていう恐怖がくるんだということを知って、あ、そうか、そういう捉え方もあるのかと思いました」

「私は、幸せになるのが怖かったんです。美味しいものを食べたり、綺麗な風景を見ると、本能的に恐怖を感じる自分がいる。なんでだろうと思っていたら、人は幸せを感じると本能的に恐怖を感じるようにできているんだとカウンセラーさんが教えてくれたんです。狩猟時代に、美味しいものを食べて楽天的になっているときに敵が襲ってくるかもしれないから、リスクヘッジのために、幸せを感じづらくさせられているんだと。

だから今でも、ああ、幸せだなと思っても、いやいやいや、他の国は今大変なんだから、そのことも真剣に考えないと、などとストップがかかってしまう。でもそれがあんまり強すぎて幸せを感じられないのも悲しいので、狩猟時代から続く人間の本能だとわかっておくのは大事なのかなと思います」

「ぼくは、土門さんの話を聞いてるうちに、死にたいっていう土門さんと、死にたいって考えてもいいんだっていう土門さんと、生きたいっていう土門さん、いろんな土門さんがいて、そしてそれをやさしく聞いている皆さんと一緒に過ごしている空間が、何ともいえない安心感というか、ちょっと安易な言葉しか出てこないんですけど、なんだかとっても居心地がいいなあと思えます」

いつものように、上田さんが上手に参加者の皆さんからのコメントを取り入れながら、トークライブは幕を閉じた。

僕には、土門さんが発する言葉の一つひとつが洗練されているように思えた。文章を操るお仕事をされているからだとは思うが、死にたいという気持ちを見つめ、真摯に生き続けている土門さんの深みが、うつくしい言葉になっているのだと思った。

人間は、「わからない」ことを抱えながら生きていくことができる存在なんじゃないかという言葉は、僕にとって、この日一番のパンチラインだった。

パンチラインとは、ラップの中で、聴いている人を沸かす印象的なフレーズのことで、僕はたまにラップを聴くのだが、土門さんのこのフレーズを聴いて、僕の心の中のオーディエンスが両手をあげて沸いていた。

矛盾を内包することができる存在。

人間を表現するのに、これほどぴったりの言葉があるだろうか。

イベントの終盤に、いつも上田さんがいうフレーズがある。

「今日は、いろいろとみんなで話したり考えたりしましたが、ここは答えを出す場ではないので、どうぞモヤモヤを持ち帰ってください」

いろんな人の話を聞いて、共感したり反発したり、この取り組みに正解はないが、いい意味でも悪い意味でも、心のどこかに「引っ掛かり」が残れば、それが正解なのかもしれないと思った。

「死」「生」という根源的なテーマの答えを、ＡＩは導き出すことはできないだろう。無論、人間も無理だと思うが、考えることはできる。もっといえば、答えを導き出せないとわかりながらも考える、あるいは考えてしまう。これも一つの矛盾を抱えながら生きるということなのだろう。

イベント終了後、たくさんの人が土門さんの前に並び、土門さんはサイン攻めに遭っていた。僕もサインが欲しかったが、土門さんの本を知事に貸していたので手元になかった。知事が当日持っていた土門さんの本を、強引にでも取り返していたらというのが、僕が当日後悔した唯一のことだった。

ひとり立ちの途中

師走に入り、今年度最後の仕事である第五回・死生懇話会の準備を行っていた。

開催日は、年が明けて二〇二四年の二月三日に決定した。次回も絶対に面白い会にしたいという思いが強すぎたのか、誰にゲストスピーカーをお願いするか決めあぐねていた。今年度は、死生懇話会サロンを五回開催したので、次回はゲストスピーカーなしで、すべての委員さんたちと知事が、これまでの感想や気づきを共有し、参加者の方々の質問に答えていくことを中心にして構成する案を、恩地係長と一緒に考えていた。

そんなある日、受託事業者のいろあわせさんから提案があった。

「吉本ユータヌキさんって知ってます？」

なんやそのファンキーな名前は、と思った。インターネットで検索してみると、漫画家でイラストレーターであることがわかった。SNSにも漫画が掲載されていた。じっくり見たわけではないが、「絶対この人の漫画おもろい」という直感が働いたので、仕事帰りに近所の本屋でユータヌキさんの漫画を買って帰った。

漫画のタイトルは、『あした死のうと思ってたのに』。

僕はそれをその日のうちに読んだ。

タイトルからは、いかにも暗そうな雰囲気が漂っていたが、そうではなかった。

テーマは「生きづらさ」なんだろうと感じた。みんな何かしら悩みながら生きているけど、ちょっとしたきっかけや行き違いで、人生は良い方向にも、そうではない方向にもいくのだということが描かれていると思った。生きる勇気をもらえる本だった。

この人に来てほしい！

漫画を読み終えた僕は、すぐにそう思った。しかもユータヌキさんは滋賀県在住で、いろあわせの代表の北川さんと面識があるということだった。早速、北川さんに、二月三日の予定を聞いてもらうことにした。

ユータヌキさんは、今すごく勢いのある漫画家さんだし、引き受けてくださるとは思っていなかったが、なんと返事はＯＫだった。

ユータヌキさんがゲストスピーカーとなってくれたら、絶対にこのテーマでと決めていた。それは、漫画のタイトルでもある『あした死のうと思ってたのに』。

さすがにこれは攻めすぎかという思いもあったが、これ以外は考えられなかった。恩地係長や犬井課長は少し慎重になっていたようだったが、ここは僕の熱意で押し切った。

たしかにこのテーマだと、自殺対策事業の啓発イベントのタイトルのようだが、漫画を読んだ僕にはわかる。そういうことではないのだ。僕の想いは、聴講者の方にも絶対に伝わるという確信があった。

いろあわせさんにチラシ作成や当日に向けての準備をお願いし、ユータヌキさんとはオンラインで打ち合わせをすることになった。ユータヌキさんは、かなり乗り気になってくださっていた。

広報物の準備も整い、年始一月四日の仕事始めの日から、関係各所に一斉に広報を開始する段取りを終え、県庁は年末年始休暇に入った。

二〇二四年一月一日、能登半島地震が起こった。

初詣を終え、家でおせちをつまみながら日本酒を楽しんでいるときに揺れを感じた。遠く離れた滋賀県でも揺れを感じるほどの大地震だった。

テレビは一斉に災害速報に切り替わり、衝撃的な映像が流れ続けていた。県庁でも石川県への応援体制が組まれ、元日から大混乱をきたしていた。

そして一月二日、羽田空港で飛行機事故が起こった。

一月四日の仕事始めの日、僕が出した結論は、第五回・死生懇話会の中止だった。

コロナ禍に始めた「死生懇話会」だからこそ、そして災害や事故が起きて尊い命が失われたこの時期だからこそ、「死」「生」を考える「死生懇話会」を予定通り開催するという選択もあっただろう。

だが僕は、お正月の三が日、ＳＮＳの世界がこれまでにないほどの過剰な熱を帯びているように感じていた。「政府の対応が遅い」「知事は東京で何していたのか」「飛行機炎上は事故ではなく事件」など、SNSで過激な投稿が続き、もれなく炎上していた。

そんな中、滋賀県が『あした死のうと思ってたのに』というタイトルのイベントを広報したらどうなるだろうか。死生懇話会を知ってくださっている方であれば、それが悪ふざけでないことは理解してくださるだろう。

でも、そうでない人のほうが圧倒的多数だ。今の時代、全く関係ない人が外から炎上を巻き起こすこともある。滋賀県公式のSNSでも、『あした死のうと思ってたのに』の広報を行う予定だったが、この投稿をたまたま見た人が勘違いして、滋賀県を批判するような投稿をし、もし仮にその投稿が拡散した場合、炎上してしまう気がしてならなかった。それにこのタイトルだけを見て、つらさを感じてしまう方もいるかもしれない。

テーマを変えて広報すれば、炎上リスクは避けられたかもしれない。でも僕は、それはしたくなかった。

恩地係長、犬井課長に、今回の懇話会は中止にしたいと伝えた。お二人とも僕の意思に賛同してくれ、知事にその判断を仰いだ。「残念だけど仕方ない」という知事の返事のあと、関係各所に中止の連絡を行った。

せっかくご都合をつけていただいたユータヌキさんはじめ、死生懇話会の委員さんたちに申し訳ない気持ちでいっぱいだったが、皆さん、県の判断を尊重してくださった。

今でもその判断が正しかったのかわからない。そんなときだからこそ、貴重な議論ができたかもしれない。その機会を失ってしまったのかもしれない。僕が過剰に恐れすぎたのかもしれない。けれど、後悔はしていない。

もし死生懇話会の知名度が高ければ、実行できたのかもしれないが、今はまだその時期ではない。「死生懇話会」がひとり立ちするためには、もっと時間が必要だと思った。

これまでも「死生懇話会」の取り組みでは判断に迷うことが多くあった。覚悟を決めてやっているつもりでも、「死」という文字がついた懇話会を開催しようとするたび、イベントの告知をするのはいつもドキドキした。本当に意図が伝わるだろうか、つらい気持ちになる人がいないだろうか、苦情がこないだろうか、この取り組みは県民の皆様から許されるのだろうか……。

「死」に対する捉え方なんて人それぞれ、人の数だけ考え方もあるだろう。突然の死、受け入れられない死、あたたかい死、見守られた中での死、人生を変えた身近な人の死、生まれることができなかった死……。いろいろな「死」があって、いろいろな思いがあって、僕たちはまだほとんど何もわかっていないんだと思う。

だからこそ「死生懇話会」を始めたときに、「どんな生き方がいいとか、どんな死に方がいいとか、決して押しつけや決めつけで取り組むべきものではない」とみんなで確認をしたことを、それが「死生懇話会」の掟のようになって引き継がれていることを、忘れてはならないと思っている。

きれいごとにしてはいけない。自己満足してはいけない。

それでも、この取り組みを進める中で出会った人たちが教えてくれたこと。「死」を語る場を持つのが県庁だから、役所だから、安心して参加できます、安心して語れます、心が少し軽くなりました、といってもらったこと。そして、こんな取り組みができる滋賀県はいいところですねといってもらえたこと。そういうことを頼りに、僕たちはこれからも丁寧に進めていくんだろう。

ここまで読んでくださった方はすでにお気づきかもしれないが、この書籍の表紙イラストは吉本ユータヌキさんに描いていただいたものだ。

本編が仕上がり、この本が世に出ていくというイメージが膨らんでいくにつれて、滋賀県にゆかりのある方に表紙のイラスト制作をお願いできないだろうかという思いがこみ上げてきた。そして、「死生懇話会」でお話しいただくことが叶わなかったユータヌキさんに描いていただければ、パズルの最後のピースがはまるような、そんな気がして、なんとかお願いできないだろうかという思いが強くなった。

　ユータヌキさんにその旨を伝えたところ、滋賀県のために力になりたいという力強いお返事をいただき、この本が完成した。書籍化プロジェクトがはじまったとき、正直なところどんな出来上がりになるか僕は想像もできていなかったが、今回のイラストがユータヌキさんから送られてきたとき、改めてユータヌキさんにお願いして良かったと心の底から思った。読者の中には、表紙が気になってこの本を手に取ってくださった方もいるかもしれない。

　いつかまた、ユータヌキさんにお話しいただく機会をつくりたいと思っている。そのときは思う存分、『あした死のうと思ってたのに』という大看板を掲げ、議論を深めたいと思っている。

五年目

（令和六年度）

エピローグとして

正直に、自由に、生きること

死生懇話会の取り組みが五年目に入り、私は再び企画調整課に異動となった。

一年ぶりに企画調整課の椅子に座ったとき、私はここへ異動してきたころのことを思った。そのころの私と、今の私は、何か変わっただろうかと考えた。

そんなに大きく何かが変わったわけではない。ただ、死生懇話会の仕事をするようになって、前よりさらに、正直であろうと思うようになった気がする。

公務員の仕事をしていると、人に対して「正しい説明をしないといけない」「決まっていることしかいってはいけない」という思考になりがちで、私たちはときに「公僕」といわれたりもする。「公」という言葉の下で、「個」の部分を消そうとしがちだ。

でも、死生懇話会の仕事では、「個」を消していては、誰の共感も得られなかったのではないかと思う。要綱に書いてあるような、通り一遍の説明をしても、何も伝わらない。

この取り組みに関わってくれた人たちと話をするときは、この取り組みがどういうものなのかという説明以上に、「私はこう思ってやっている」とか、「私にはここがよくわからないので教えてほしい」という、「私の思い」を正直に出して関わってきたように思う。

公務員の仕事には、個人的にはそう思っていなくても、決まっているから仕方なく、自分の思いとは違う説明をしないといけないことは本当によくあるし、それは公務員に限らず、どんな仕事をしていてもあることだと思う。

もちろん決まりは大事だし、ケースバイケースではあるけれど、この仕事に関わってから、どんなに立場が違っても、人と人とが話をするのだから、「個」を消さず、正直な思いを伝えてもいいんじゃないだろうかと思うようになった気がする。（以前から、どちらかというと思ったことはいっちゃうほうではあったが……）

それから、「死生懇話会」と聞くと、なんだか暗そうとか、重そうと思われることが多いが、実際にこの取り組みに関わってみると、前より自分が「自由」になった気がしている。生きて死ぬだけの存在という点においては、みんな同じで、それ以外の違いは細かいことのようにも思える。それに、生きることにもっと正直になってもいい気がするようになった。

自分が意味を感じないことに時間とエネルギーを費やすほど、人生の残り時間は多くない。自分の感性に従って、自分の好きなように生きてもいいんじゃないか。それは人に対してても同じで、他人が何を好きでもいいし、それをとやかくいい合うのはつまらないなと、前より思うようになった気がする。もちろん、自分の好きなように（だけ）生きられるわけではないけれど、気持ちの奥底にある「自由でいいじゃない」の範囲は広がった気がする。

また、県庁という組織のことでいうと、県庁全体が「死生懇話会」のような取り組みがあることに慣れてきた印象もある。

死生懇話会を始めたころは、引き気味な職員が多かったし、「なんでこんなことやってるの？」と思う人が多かったと思う。死生懇話会の関係で他の部署に話をしに行くと、「巻き込まないで……」という雰囲気を出されることもあった。

だけど何年もやっているうちに、少しずつ市民権（職員権？）を得てきたような感じがする。もちろん全く知らない職員もまだだいるし、いまだに「なんじゃこれ」と思っている職員もいるとは思う。でも、県庁が死生懇話会に慣れてきたということは、いろんな部署で何か新しい取り組みをやるときに、死生懇話会みたいな取り組みでも、ある意味許されているんだから、あまり堅く考えすぎず、いろんな発想でやってみてもええんちゃう？　という良い意味でのゆるい雰囲気を与えることに少し寄与しているのではないかと思っている。

県庁の仕事は公費でやるので、もちろんふざけたことをしてはいけないが、どんどん社会が変わっていく中、発想ややり方を変えていかないといけないことも多い。死生懇話会の取り組みが、そのためのハードルを下げることに一役買っているのならうれしいなと思っている。（希望的観測）

初代「死生懇話会」担当者　森　陽子

答えのないことでしか本当の意味で対等な議論はできないのかも

役所勤めをしてからのことを振り返ると、日々、上司への相談や協議、お伺いという行為に追われていたような感じがする。それは役所に限らず民間企業でも同じだとは思うが、特に役所はその傾向が強いと思う。
経験値が蓄積されている上司と、そうでない担当者。（まれに逆の場合もあるが）
立場云々ではなく、知識量で対等ではないことがままあるように思う。だからこそ、担当者が出した案に上司が朱入れし、上司がつぶやいたことを担当者が案に反映させるという状況にあるのだろう。

でも、誰も経験したことがない「死」のことであれば、どれだけ書物を読み込んで勉強したとしても、本当の意味での経験はしていないので、その場で語られる「死」について朱入れされることはない。（と信じたい）

僕が死生懇話会に関わるようになってから思うのは、果たして「生」の経験値についても、長く生きている人のほうが蓄積されているのだろうかという疑問だ。

一九五〇年生まれの人と二〇〇〇年生まれの人では、「経験の量」はもちろん前者のほうがあるだろうが、インターネットが普及した時代を泳いできた後者が得てきた「情報の量」については、単純比較できないだろうと思う。

そういった意味で、「死」「生」といった、答えのない根源的なテーマについて議論をするスタンスをみんなが尊重し、お互いをリスペクトしながら仕事をすれば、「幸せ」な職場になるだろうなと思う。

もちろん物事を進める上で、相応の立場の人がその職権でもって決断をすることは必要だが、それだけだと管理職もしんどいし、担当もしんどいのではないかなと思う。

職場という環境で、立場が異なる人たちが、答えのないテーマについて話をすることも、ときには必要かもしれない。それくらいの時間とメンタルの余裕が職場に生まれるといいなと思っている。

持論はあっても、持論を振りかざすことはろくなことがない。（ように思う）

自分が納得している考え方を人に披露したいという人は少なくないと思う。僕もそうだ。じっくり考え、持論に至ったことこそ、そのきらいがあるかもしれない。（反省）

死生懇話会では、「生きづらさ」といったことも議論の中で出てくる。生きづらさについては、人によってその捉え方や解釈も異なるだろうし、もちろんこれといった定義や答えもないだろう。だからこそ自分なりの解釈を他者に押しつけてはいけない。ある人にとっての「生きやすい社会」は、別の人にとっては「生きづらい社会」ということもあるだろう。僕は死生懇話会に関わるうちに、そういう考えになってきたように感じる。同じ家庭環境、学級環境などで過ごした人間は一人もいない。それが、「死生懇話会」のテーブルクロスになっているように感じる。だから僕は極力、「僕はそう思う」「僕はそっちがいいと思う」という表現を、意識して使うようになった。

これから生きていく上で、生きることについて、僕は偉ぶらない人になりたいと思っている。歳をとってもその気持ちを見失わないようにしたいと思っている。

二代目「死生懇話会」担当者　山田　遼

本編にも書きましたが、この取り組みでは、いろいろな方にインタビューをさせていただきました。すべての方を本編で取り上げることができませんでしたが、「死」や「生」に真摯に向き合い、活動やお仕事をされている皆様のお話は本当に印象的で、その思いはあたたかくやさしく、そしてとても強く、この取り組みを進める上での糧となっています。心より感謝申し上げます。

〈「死生懇話会」の取り組みを通じて、インタビューをさせていただいた皆様〉

・看取り士　西河美智子さん（滋賀県多賀町）
・不登校の子どもの居場所「にじっこ」を主催、NPO法人「好きと生きる」
　林ともこさん（滋賀県長浜市）
・誰でも参加できる居場所「おかえり」を主催、NPO法人「好きと生きる」
　八田典之さん、山崎史朗さん、山崎雄介さん（滋賀県大津市）
・花かたばみの会の皆様（在宅看取り経験者を中心に、集いの場の創出などの活動）（滋賀県彦根市）
・エンディングメイクMARIA　復顔修復納棺師 太田円香さん（滋賀県大津市）
・僧侶、チャプレン　笠原俊典さん（滋賀県長浜市）

・グリーフサポートあいちこどもの森 代表　野々山尚志さん（愛知県）
・志學館大学講師　デスカフェ研究者　吉川直人さん（鹿児島県）
・市立図書館貫井北分室 室長デスカフェ主催者 田中肇さん（東京都）
・看護師 デスカフェ主催者 小口千英さん（栃木県）
・特別養護老人ホーム「三思園」看護師長　デスカフェ主催者　髙橋進一さん（青森県）
・ボランティア団体「にゃんこおたすけ隊」代表 鎌田優花さん（滋賀県栗東市）
・滋賀県フリースクール等連絡協議会の皆様（滋賀県内）
・認定特定非営利活動法人 滋賀いのちの電話の皆様（滋賀県内）

刊行に寄せて

コロナ禍に慄き始めてちょうど一年の二〇二一年三月六日。啓蟄。

滋賀県庁会議室で開催された第一回死生懇話会。

緊張感？　罪悪感？「何するの？」「どこ行くの？」

なんとも言えない空気が漂っていたことを強く覚えています。


冒頭、主催者として挨拶。

設置表明から一年あまり。なぜ、この死生懇話会を開催しようと考えたのか、自分の言葉で語らねば。朝、早く起きて、愛用のキャンパスノートにしたためた挨拶原稿をもとに心と体の奥底からゆっくり声を出し述べました。


「私は今、生きています。おかげさまで、皆さんと共に生きています。虫、鳥など動物や植物、あらゆる生きものと一緒に生きています」

「二十年前、病で父が逝き、絶命の瞬間に立ち会い、人生が有限であること、人が必ず死ぬことを知りました」

「今、知事として、県民の皆さまのいのち、暮らし、幸せ、豊かさを日々刻々考えます。生きること、老いること、病とつきあうこと、死にゆくこと、別れること。悲しみは少なくしたい、喜びは多くしたい」

「私たちすべての人間が迎える死、避けられない死を忌み避けず、正面から捉え向き合うことで、生きることを充実させることができないだろうか？　一緒に生きていることにもっともっと意味や価値を付け加えていくことができないだろうか？」

「コロナ禍に入り、正直、開催することを迷い悩みました。ただ、いのちやつながりの大切さを再認識している今だからこそ、死や生という根源的なテーマについて考える必要性が高まっているのではないでしょうか？」


この時、語りかけた想い（心根）は変わっていません。

五年経って、死生懇話会でたくさんの人びとと話すことで、いろいろな人の死や病、老いや生き様を見てきた人びとと（立場をこえて）語り合うことで、その言葉を紡ぐことで、自分なりのものさしが増えた（やさしくなった）感があります。でも、ますますわからなくなったような？　怖くなった気もします（笑）。

だからこそ、「今、生きていること」を大事にしたいと思います。「ともに生きている」ことを感じながら「死ぬまで生きていこう」と思える自分がいること。これが滋賀県の、私たちの死生懇話会で得られた大切な学びです。

最後に、どこへ行くのかわからない？　死生懇話会の委員を引き受け、それぞれの観点から考えるヒントを提供してくださった滋賀県医師会会長（当時）の越智眞一さん、ケアマネージャーの楠神渉さん、僧侶で龍谷大学農学部准教授の打本弘祐さん、死生学研究者で関西学院大学教授の藤井美和さん、NPO法人好きと生きる理事でこどもエンターテインメント代表理事のミウラユウさん、大学生（当時）の青柳光哉さんに、心から感謝します。

（大変な？）コーディネーターを務めていただき職員のWGにも寄り添っていただいた上田洋平さんには本当にご苦労をおかけしました。一緒に問いを投げかけ合い、答えを探す旅路を歩けることを、私は（勝手に？）心強く思っています。

私たちの悩みを受け止めてインタビューに応じてくださった皆さん、ゲストスピーカーとして死生について考える素材を提示（講演）してくださった方々、トークライブで語っていただいた皆さん、本当にありがとうございました。皆さんのお導きやお力添えがなければ知ることができなかった世界があります。深く感謝いたします。

最後の最後に、森さんや山田さんはじめ、私の悩みにつき合ってくださった（無理やりつき合わされた？）職員の皆さんに、日頃、ともに悩みながら助け合って歩んでくれていることも含めて、言い尽くせぬ感謝の気持ちを添えて筆を置きます。

これからもともにがんばりましょう！

二〇二四年（令和六年）一二月二三日
冬至を越えて一陽来復。湖国の寒い冬の朝。
今年逝った母の遺影を眺めながら。近江のお茶を一服。

滋賀県知事　三日月大造

死生懇話会取組年表

二〇二〇年一月六日　知事談話
二〇二〇年一一月〜二〇二三年二月　死生懇話会インタビューシリーズ　★
二〇二〇年一二月二日　死生懇話会　設置　★
二〇二一年三月六日　第一回死生懇話会　開催　★
二〇二一年六月一九日　第二回死生懇話会　開催　★
二〇二一年一一月二一日　第三回死生懇話会　開催　★
二〇二二年一月一四日　オンライントークイベント「漫画で語ろう『死生観』」開催
二〇二二年七月三〇日　死生懇話会委員によるリレートークイベント（第一弾）開催　★
二〇二二年一〇月二日　死生懇話会委員によるリレートークイベント（第二弾）開催　★
二〇二二年一〇月一六日　絵本を通じて語り合うデスカフェ絵本読書会　開催
二〇二三年二月一八日　トークイベント「美術作品から見る『死生観』」開催　★
二〇二三年三月一八日　第四回死生懇話会　開催　★
二〇二三年九月〜二〇二四年一月　死生懇話会サロン（全五回）開催
二〇二三年一一月二三日　死生懇話会トークライブ　開催　★

右の年表のうち、★印のついているものについては、当日の発言録やアーカイブ動画を滋賀県ホームページに掲載しております。ぜひご覧ください。

著者プロフィール

滋賀県総合企画部企画調整課企画第二係

(しがけんそうごうきかくぶきかくちょうせいかきかくだいにがかり)

県勢振興の基本方針である「滋賀県基本構想」のほか、県の次年度施策の全体方針の策定や部局間の調整などを担当している滋賀県庁の中の一組織。これだけ見ると県の統括的な役割を担う部署のようにも思えるが、時に「死生懇話会」といった捉えどころのないテーマも扱っているためか、他部署の職員には、「何をしている係かわからない」と言われることもしばしばある。目まぐるしく変化する社会情勢の中、次々と生まれる諸課題(無理難題?)に右往左往しながら、滋賀県基本構想に掲げる基本理念「変わる滋賀 続く幸せ」の実現に向けて日々奮闘している。

えっ! 死ぬとか生きるとか、知事命令?

滋賀県庁「死生懇話会」ドキュメント

2025年2月5日 初版第1刷発行

著　者　滋賀県総合企画部企画調整課企画第二係
発行者　瓜谷 綱延
発行所　株式会社文芸社
〒160-0022 東京都新宿区新宿1-10-1
電話 03-5369-3060(代表)
03-5369-2299(販売)

印刷所　TOPPANクロレ株式会社

ISBN978-4-286-25823-2